农民与农技人员知识更新培训丛书

农村实用经济法规解读

主 编

刘秀娟 张桂春

金盾出版社

内容提要

本书在广泛参阅我国关于经济方面法律法规的基础上,选取切合农村生活和生产的实用经济法律法规进行解读。内容包括:自然人、法人和其他组织,代理法律制度,担保法律制度,合同法,企业法,市场规制法,工业产权法,诉讼法。全书语言通俗易懂,内容实用,可作为广大农民朋友认识、理解并运用经济方面法律的有益工具,也可作为从事经济方面法律实务工作者和教学研究人员的参考用书。

图书在版编目(CIP)数据

农村实用经济法规解读/刘秀娟,张桂春主编. — 北京:金盾出版社,2015.12
(农民与农技人员知识更新培训丛书)
ISBN 978-7-5186-0207-0

Ⅰ.①农… Ⅱ.①刘…②张… Ⅲ.①农业经济—经济法—基本知识—中国 Ⅳ.①D922.4

中国版本图书馆 CIP 数据核字(2015)第 065808 号

金盾出版社出版、总发行
北京太平路5号(地铁万寿路站往南)
邮政编码:100036 电话:68214039 83219215
传真:68276683 网址:www.jdcbs.cn
封面印刷:北京印刷一厂
正文印刷:北京万博诚印刷有限公司
装订:北京万博诚印刷有限公司
各地新华书店经销
开本:850×1168 1/32 印张:6 字数:143千字
2015年12月第1版第1次印刷
印数:1～4000册 定价:17.00元

(凡购买金盾出版社的图书,如有缺页、
倒页、脱页者,本社发行部负责调换)

农民与农技人员知识更新培训丛书编委会

主　任

谷子林　周宏宇

委　员

（按姓氏笔画排列）

乌日娜	孙　悦	任士福	刘月琴
刘秀娟	刘海河	李建国	纪朋涛
齐遵利	宋心仿	张　琳	赵雄伟
曹玉凤	黄明双	甄文超	藏素敏

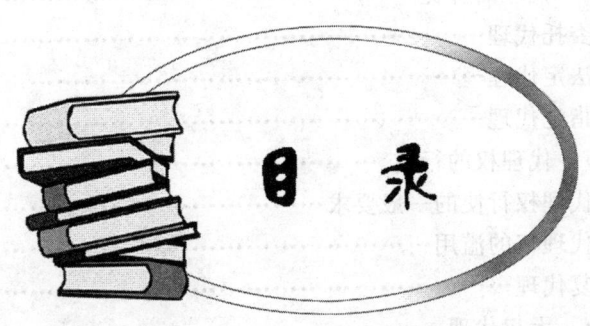

目录

第一章 自然人、法人和其他组织 (1)
第一节 自然人 (1)
一、自然人的理解 (1)
二、自然人的权利能力 (1)
三、自然人的行为能力 (1)
四、自然人的住所 (3)
第二节 法人 (3)
一、法人的理解 (3)
二、法人的分类 (4)
三、法定代表人 (6)
四、法人的住所 (7)
第三节 其他组织 (7)
一、个人合伙 (7)
二、个体工商户 (12)

第二章 代理法律制度 (14)
第一节 代理概述 (14)
一、代理的概念 (14)
二、代理的特征 (15)

第二节　代理的种类 …………………………………… (16)
　一、委托代理 …………………………………………… (16)
　二、法定代理 …………………………………………… (16)
　三、指定代理 …………………………………………… (16)
第三节　代理权的行使 ………………………………… (17)
　一、代理权行使的一般要求 ……………………………… (17)
　二、代理权的滥用 ………………………………………… (17)
　三、复代理 ………………………………………………… (18)
第四节　无权代理 ……………………………………… (19)
　一、无权代理的概念 ……………………………………… (19)
　二、狭义的无权代理 ……………………………………… (20)
　三、表见代理 ……………………………………………… (21)
第五节　代理权的终止 ………………………………… (23)
　一、委托代理终止的原因 ………………………………… (23)
　二、法定代理或指定代理终止的原因 …………………… (24)

第三章　担保法律制度 ………………………………… (26)
　第一节　担保概述 ……………………………………… (26)
　　一、担保的概念和特征 ………………………………… (26)
　　二、担保的分类 ………………………………………… (26)
　第二节　保证 …………………………………………… (27)
　　一、保证人的主体资格 ………………………………… (27)
　　二、保证的方式 ………………………………………… (27)
　　三、保证合同 …………………………………………… (29)
　　四、保证责任的减免 …………………………………… (30)
　第三节　抵押 …………………………………………… (31)
　　一、可以抵押的财产 …………………………………… (32)
　　二、抵押合同与抵押权 ………………………………… (33)
　　三、抵押权的效力 ……………………………………… (34)

目录

　四、抵押权的实现 ………………………………………… (35)
第四节　质押 …………………………………………………… (36)
　一、动产质押 ……………………………………………… (36)
　二、权利质押 ……………………………………………… (38)
第五节　留置与定金 …………………………………………… (38)
　一、留置 …………………………………………………… (38)
　二、定金 …………………………………………………… (40)

第四章　合同法 ……………………………………………… (41)
第一节　合同法概述 …………………………………………… (41)
　一、合同与合同法 ………………………………………… (41)
　二、合同的分类 …………………………………………… (41)
　三、合同法的基本原则 …………………………………… (43)
第二节　合同的成立 …………………………………………… (44)
　一、合同当事人 …………………………………………… (44)
　二、合同一般应具备的条款 ……………………………… (44)
　三、格式条款 ……………………………………………… (46)
　四、合同的形式 …………………………………………… (48)
　五、合同的订立过程 ……………………………………… (49)
　六、合同成立的时间和地点 ……………………………… (53)
第三节　合同的效力 …………………………………………… (54)
　一、合同的生效 …………………………………………… (54)
　二、无效合同 ……………………………………………… (54)
　三、可变更、可撤销合同 ………………………………… (56)
　四、效力待定合同 ………………………………………… (58)
　五、合同无效或被撤销的法律后果 ……………………… (59)
第四节　合同的履行 …………………………………………… (60)
　一、合同履行概述 ………………………………………… (60)
　二、合同履行规则 ………………………………………… (61)

三、合同履行中的抗辩权 (63)
四、合同的保全 (65)
第五节 合同的变更、转让和终止 (67)
一、合同的变更 (67)
二、合同的转让 (67)
三、合同的终止 (69)
第六节 合同责任 (72)
一、缔约过失责任 (72)
二、违约责任 (74)
第七节 几类有名合同 (77)
一、买卖合同 (77)
二、赠与合同 (80)
三、借款合同 (81)
四、租赁合同 (82)
五、运输合同 (84)
六、承揽合同 (88)

第五章 企业法 (92)
第一节 企业法概述 (92)
一、企业的概念和特点 (92)
二、企业的分类 (93)
第二节 个人独资企业 (95)
一、个人独资企业法概述 (95)
二、个人独资企业的设立 (95)
三、个人独资企业的事务管理 (98)
四、个人独资企业的解散和清算 (100)
第三节 合伙企业 (101)
一、合伙企业和合伙企业法 (101)
二、合伙企业的设立 (103)

三、合伙企业的事务管理 …………………………… (105)
　　四、合伙企业的财产和财产份额的处分 ………… (108)
　　五、入伙和退伙 …………………………………… (110)
　　六、合伙企业的利润分配和债务承担 …………… (112)
　　七、合伙企业的解散清算 ………………………… (113)
　第四节　公司 ………………………………………… (114)
　　一、公司与公司法概述 …………………………… (114)
　　二、公司的设立条件 ……………………………… (117)
　　三、公司的设立程序 ……………………………… (120)
　　四、公司的组织机构和议事规则 ………………… (123)
　　五、股东股权的转让 ……………………………… (130)
　　六、一人有限责任公司 …………………………… (132)
　　七、公司的合并和分立 …………………………… (133)
　　八、公司的解散和清算 …………………………… (134)

第六章　市场规制法 ………………………………… (135)
　第一节　反不正当竞争法 …………………………… (135)
　　一、不正当竞争概述 ……………………………… (135)
　　二、调整不正当竞争行为的立法 ………………… (135)
　　三、不正当行为的表现形式 ……………………… (136)
　　四、违反《反不正当竞争法》的法律责任 ……… (140)
　第二节　消费者权益保护法 ………………………… (140)
　　一、谁是消费者 …………………………………… (140)
　　二、维护消费者权益的法律依据 ………………… (142)
　　三、消费者的权利 ………………………………… (143)
　　四、经营者的义务 ………………………………… (148)
　　五、消费争议的解决 ……………………………… (150)

第七章　工业产权法 ………………………………… (155)
　第一节　商标法 ……………………………………… (155)

一、商标的概念和特点 ··· (155)
　　二、注册商标和非注册商标的区别 ······················ (156)
　　三、注册商标的注册程序 ······································ (157)
　　四、注册商标权利人的权利义务 ··························· (160)
　　五、注册商标的保护 ··· (161)
　　六、对驰名商标的保护 ·· (162)
　第二节　专利法 ··· (163)
　　一、专利的含义 ·· (163)
　　二、专利的申请程序 ··· (164)
　　三、专利权人的权利和义务 ··································· (167)
　　四、专利权的保护 ··· (168)

第八章　诉讼法 ··· (169)
　第一节　诉讼时效 ·· (169)
　　一、诉讼时效的含义 ··· (169)
　　二、诉讼时效的适用 ··· (170)
　　三、诉讼时效的计算 ··· (170)
　　四、诉讼时效期间的中止、中断和延长 ················ (173)
　第二节　民事诉讼法 ·· (174)
　　一、民事诉讼的含义 ··· (174)
　　二、民事案件的管辖 ··· (174)
　　三、民事案件审判程序 ·· (176)
　　四、民事案件执行程序 ·· (178)
　　五、审判监督程序 ··· (179)

参考文献 ·· (180)

第一章 自然人、法人和其他组织

第一节 自然人

一、自然人的理解

在国家的法律文件中,常常可以看到自然人和公民的称谓。什么是自然人?自然人是在自然状态之下而作为民事主体存在的人,他有权参加民事活动,享有权利并承担义务。例如,村民张洪在法律意义上属于自然人。

公民是一个法律概念,通常是指具有一国国籍,并根据该国宪法与法律享有权利并承担义务的人。我国宪法规定:"凡具有中华人民共和国国籍的人都是中华人民共和国公民。"因此,在我国境内,"公民"仅是指我国人,不包括外国人。

二、自然人的权利能力

民事权利能力是指法律赋予民事主体享有民事权利和承担民事义务的能力,也就是民事主体享有权利和承担义务的资格,是作为民事主体进行民事活动的前提条件。公民的民事权利能力一律平等。公民从出生时起到死亡时止,具有民事权利能力,依法享有民事权利,承担民事义务。如法律规定,国家保护公民的财产所有权,则每一个公民都享有行使财产所有权的权利能力。

三、自然人的行为能力

民事行为能力是指民事主体能以自己的行为取得民事权利、

农村实用经济法规解读

承担民事义务的资格。法律根据不同年龄和智力状态赋予公民不同的民事行为能力。

(一)完全民事行为能力人

18周岁以上的公民是成年人,具有完全民事行为能力,可以独立进行民事活动,是完全民事行为能力人。16周岁以上不满18周岁的公民,以自己的劳动收入为主要生活来源的,视为完全民事行为能力人。

(二)限制民事行为能力人

10周岁以上的未成年人是限制民事行为能力人,可以进行与他的年龄、智力相适应的民事活动;其他民事活动由他的法定代理人代理,或者征得他的法定代理人的同意。在这里法定代理人一般是指未成年人的监护人,例如父母。

(三)无民事行为能力人

不满10周岁的未成年人是无民事行为能力人,由他的法定代理人代理民事活动。

【案例1-1】 17岁的少年甲向邻居乙借钱800元购买自行车,在购车时不慎将钱丢失。乙要求甲还钱,甲不得已将事情告诉父母。甲的父母一方面对儿子进行批评教育,另一方面认为乙不应该借钱给其未成年的儿子,而且钱已经丢失,因而拒绝还钱。按照法律的规定,甲的父母是否应该向乙偿还800元钱,为什么?

【解析】 本案中,要分2种情况进行判断。

第一种情况,甲已满16周岁且以自己的劳动收入为主要生活来源,在此情况下,甲为完全民事行为能力人,其与乙之间借款行为有效,所借款项应该返还,但是应该由甲承担返还责任。

第二种情况,甲已满16周岁未满18周岁,为限制民事行为能力人,其所为行为需法定代理人追认后方为有效。从案例中可以看出,甲的父母作为其法定代理人并没有追认之意,此时甲所为民

第一章 自然人、法人和其他组织

事行为无效。甲的父母应该承担返还责任,如果甲有财产,可以从其财产中支付,不足部分由父母适当赔偿。甲的父母未尽应有的监护职责,故无减轻民事责任之情形。

(四)精神病人的民事行为能力

不能辨认自己行为的精神病人是无民事行为能力人,由他的法定代理人代理民事活动。不能完全辨认自己行为的精神病人是限制民事行为能力人,可以进行与他的精神健康状况相适应的民事活动;其他民事活动由他的法定代理人代理,或者征得他的法定代理人的同意。

四、自然人的住所

自然人的住所,就是一个公民长期居住和生活并进行民事活动的中心地点,住所与民事法律关系的发生、变更、消灭有着密切的联系。居所是自然人临时居住的地方。在我国,一个人只能有一个住所即户籍所在地;住所之外的居所地,即居所,不受法律的限制,可以是一处或多处。当其离开住所而长期居住的地方,称之为经常居住地,经常居住地的最后连续居住时间必须是1年以上,住院治疗的除外。自然人的住所对于确定债务发生地、履行地,婚姻登记管辖,继承发生地,宣告失踪和宣告死亡,民事案件的管辖,法律文书的送达,涉外民事关系,都具有重大意义。另外,住所对于选举、纳税、服兵役等方面的事务,也可起到确定的作用。

第二节 法 人

一、法人的理解

法人是具有民事权利能力和民事行为能力,依法独立享有民事权利和承担民事义务的组织。我们每个人都是自然人。法人与自然人不同,是一种无生命的社会组织体,法人的实质,是一定社会组织在法律上的人格化。例如,村民张洪设立了河北天天食品有限责任公司,该公司在法律意义上属于法人。

设立不同的法人有不同的条件要求。《民法通则》规定,我国法人必须具备的基本条件有以下4条。

(一)依法成立

指法人必须符合法律规定和依法定程序才能成立。法人资格不是自封的,也不是生而有之的"天赋人权",而是由法律赋予的。法人成立的合法既要满足法律规定的成立条件,又要满足法定程序,也就是国家法律对法人资格的确认过程。

(二)有必要的财产和经费

这是法人以自己的名义进行民事活动并对其行为后果独立承担责任的物质基础。这种财产或经费首先必须是独立的,即将财产权从出资人手中过户到法人名下。其次必须具有一定的数额规模。财产可以是实物或者货币,也可是其他权利。

(三)有自己的名称、组织机构和场所

法人名称是法人区别于其他法人的标志。法人组织机构是法人对内管理事务,对外代表法人进行民事活动的常设机关。法人场所是法人进行业务活动的地方。

(四)能独立承担民事责任

法人作为独立的民事主体,对自己从事各项活动的后果,必须能以自己的财产独立承担民事责任。法人的设立人、成员以及工作人员对此不承担连带责任。能否独立承担民事责任是法人区别于非法人组织的一个关键特征。

二、法人的分类

按不同标准,对法人可以作不同的分类。我国《民法通则》将法人分为企业法人、机关法人、社会团体法人、事业单位法人。

第一章 自然人、法人和其他组织

(一)企业法人

企业法人又称法人企业。按《民法通则》的规定,可以将法人分为企业法人与非企业法人两大类。企业法人指以营利为目的,具有民事权利能力和民事行为能力,依法独立享有民事权利和独立承担民事义务的经济组织体。目前,农民可以设立公司、农民专业合作社等企业法人,而合伙企业、个人独资企业属于非企业法人。

(二)机关法人

机关法人是指依法行使职权,从事国家管理活动的各种国家机关,包括国家各级权力机关、行政机关、司法机关、军事机关等。国家机关只在进行民事活动时才成为法人,才是民事的主体。只能以自己的名义,而不能以国家的名义参与民事法律关系;只能以平等民事主体,而不能以法定管理职能主体参与民事法律关系;只能以本机关所必需的后勤服务保障为限,而不能从事商品生产经营等营利性活动。机关法人不以登记方式成立,而依法以决议、命令、决定等方式成立。

(三)社会团体法人

社会团体法人又称社会团体。我国的社会团体是由我国公民自愿组成,为实现会员共同意愿,按照其章程开展活动的具备法人条件的非营利性社会组织。国家机关以外的组织可以作为单位会员加入社会团体。社会团体包括人民群众团体,社会公益团体(如基金会),行业协会(如科协、商会、书画社等),学术研究团体(如各种学会),宗教团体,各种俱乐部等。

(四)事业单位法人

事业单位法人又称事业单位法人、事业单位,指国家为了社会公益目的,由国家机关举办或者其他组织利用国有资产举办的,从事教育、科技、文化、卫生等活动的具备法人条件的社会服务组织。

三、法定代表人

依照法律或者法人组织章程规定,代表法人行使职权的负责人,是法人的法定代表人。这就是说,作为法定代表人必须是法人组织的负责人,能够代表法人行使职权。法定代表人可以由厂长、经理担任,也可以由董事长、理事长担任,这主要看法律或章程是如何规定的。

法定代表人代表企业法人的利益,按照法人的意志行使法人权利。法定代表人在企业内部负责组织和领导生产经营活动;对外代表企业,全权处理一切民事活动。法定代表人的权力,是由法人赋予的,法人对法定代表人的正常活动承担民事责任。但是代表人的行为超出法人授予的权利范围,代表人就需要对自己的行为承担责任。

【案例1-2】 2013年1月6日、4月8日,潘某分别向刘某出具借款金额为4万元、6万元的借条各1份。后潘某向刘某出具关于上述两笔借款的月利率为2‰的说明1份,落款时间为2013年5月12日。借款发生后潘某在上述2份借条上添加有"此款用于购买蟹苗、中网水产养殖合作社、东兴海镇"等字样。

潘某原系中网合作社的法定代表人,不具有对外直接借款的权限。2013年5月2日中网合作社通过全体成员大会免去潘某理事长职务,重新选举刘亚锋为理事长;同月14日,经工商登记变更,中网合作社的法定代表人变更为刘亚锋。因刘某未能收回上述借款,致起讼争。谁负有清偿责任?

【解析】 本案中,潘某向刘某出具借条时虽系中网合作社的法定代表人,但这既不表示其当然具有代表公司对外借款的权限,亦不表示其不能以个人名义对外借款。根据中网合作社章程的规定,合作社法定代表人不具有直接对外借款的权限。实际中潘某的对外借款行为也并未以中网合作社的名义。

另外按常理,刘某先后2次向潘某出借款项,如果认定共同借

第一章 自然人、法人和其他组织

款人系潘某与中网合作社,应当要求中网合作社在借条上加盖印章或者出具借据、委托书等,应尽到善意相对人谨慎的注意义务。尽管刘某后来要求潘某在借条上添加了借款用途,由于添加时间的不确定、潘某身份的变化,加之并无证据表明借款之初,中网合作社有与潘某共同借款的意思表示等,不能认定中网合作社系本案涉讼借款的共同借款人。因此,潘某负有归还刘某借款的责任。

四、法人的住所

法人住所地是指法人的主要营业地或者主要办事机构所在地。而当法人只设一个办事机构时,则该办事机构所在地为住所,而当法人同时设有多个办事机构时,则应以其主要办事机构所在地为住所。所谓主要办事机构,是指在数个办事机构中处于中枢地位的办事机构,是统率法人业务的机构。根据有关法人登记法规规定,企业法人和社会团体法人的住所,属于登记事项。因此,这两类法人的住所,应以登记记载为准。

第三节 其他组织

一、个人合伙

(一)个人合伙的概念

2个以上的公民按照协议,各自提供资金、实物、技术等,合伙经营、共同劳动的称为个人合伙。个人合伙的合伙人为自然人,这一点区别于合伙企业,适用于《民法通则》。

(二)个人合伙的设立

第一,个人合伙的合伙人应当对出资数额、盈余分配、债务承担、入伙、退伙、合伙终止等事项,订立书面协议。

第二,个人合伙可以起字号,依法办理工商登记,在核准登记的经营范围内从事经营活动。

农村实用经济法规解读

第三,当事人之间没有书面合伙协议,又未经工商行政管理部门核准登记,但具备合伙的其他条件,又有2个以上无利害关系人证明有口头协议的,应当认定为合伙关系成立。

(三)个人合伙的经营

合伙的经营决策,由全体合伙人共同决定。合伙经营的事务,由全体合伙人共同执行或者委托合伙人中的一人或数人执行。合伙人可以推举负责人,该负责人对外代表合伙的利益,对内承担经营管理职责。合伙经营的监督权,由全体合伙人共同行使或分别行使。合伙经营的结果,无论是由合伙负责人还是合伙人委托的其他人造成的,均应由全体合伙人承担民事责任。

(四)个人合伙的加入

合伙的加入,又称入伙,是指在合伙经营期间,原合伙人以外的人申请加入合伙并取得合伙人身份的行为。关于入伙的法律要求,根据我国相关的司法解释,在合伙经营过程中增加合伙人,书面合伙协议有约定的,按照约定办理;书面合伙协议未约定的,必须经过全体合伙人的同意,并修改合伙协议;未经全体合伙人同意的,应当认定入伙无效。

(五)个人合伙的退出

个人合伙的退出,又称退伙,是指在合伙存续期间,原合伙人退出合伙组织从而丧失合伙人身份的行为。关于退伙的法律要求,依照我国相关的司法解释,合伙人退伙,书面合伙协议有约定的按照书面合伙协议处理;书面合伙协议未约定的,原则上应予准许。但因其退伙给其他合伙人造成损失的,应当考虑退伙的原因、理由及当事人的过错,确定应承担的赔偿责任。

(六)个人合伙的财产

个人合伙的内部财产关系,包括合伙财产的构成和合伙财产的管理与使用。根据最高人民法院关于贯彻执行《中华人民共和

第一章 自然人、法人和其他组织

国民法通则》若干问题的意见的规定,个人合伙的财产来源于2个方面:第一是成立合伙时由合伙人投入的财产,包括资金、实物和知识产权;第二是在合伙经营期间积累起来的财产。上述两部分财产都应属于合伙人的共有财产。

对合伙的共有财产,应当由合伙人统一管理和使用以实现成立合伙的目的,在合伙人之间对合伙财产的管理和使用发生分歧时,应当按照少数服从多数或出资少服从出资多者的原则决定合伙财产的管理和使用事宜。

(七)盈余分配

只提供技术性劳务,不提供资金、实物的合伙人,对于合伙经营的亏损额,对外也应当承担连带责任;对内则应当按照协议约定的债务承担比例或者技术性劳务折抵的出资比例承担;协议未规定债务承担比例或者出资比例的,可以按照约定的或者合伙人实际的盈余分配比例承担;没有盈余分配比例的,按照其余合伙人平均投资比例承担。

(八)个人合伙的债务清偿责任

根据《中华人民共和国民法通则》和我国相关司法解释的规定,对合伙的债务,由合伙人按照出资比例或者协议的约定,以各自的财产承担清偿责任;全体合伙人对合伙的债务承担连带清偿责任,但法律另有规定的除外。偿还了合伙债务超过自己应当承担数额的合伙人,有权向其他合伙人追偿。

【案例1-3】 张某、李某、刘某三人系同村村民,而且都是大货车司机,三人决定搭伙买辆车自己做老板。并很快与汽车租赁公司签订了书面的汽车租赁购买协议。协议约定,三人交清首期5万元的预付款后租赁公司把车交给三人经营使用,以后三人每月按时向汽车租赁公司交纳定额的汽车租赁费,合同期满汽车所有权无偿归三人共同所有。合同签订后三人立即回家凑够了首期

农村实用经济法规解读

租赁费交给了汽车租赁公司,办完营运手续后三人开始营业,由于三人相互放心,所以大家只订立了一个口头协议,三人轮流跑生意,约定投资、利润、亏损等三人全部均分,前期的经营收入都用来归还汽车公司的欠款,三人在汽车租赁合同到期前谁也不准退伙。2003年的一天,当张某开车到外地跑生意时,由于多日来疲劳过度,发生车祸,张某当场死亡,双方车辆严重受损,共计损失10多万元。

事故发生后当地交警部门做出道路交通事故责任认定,认定张某违章驾驶负事故的主要责任,张某应承担大部分损失。由于三人的车辆在事故中受损严重,所以事故发生后一直停运,租赁公司每月该交的款项也就一直没再交,为此租赁公司多次打电话向李某和刘某催要欠款。李某和刘某思量再三后找到张某的妻子协商如何偿还汽车租赁公司欠款的事。张某妻子当下表示办理丧事早已花光了家里所有的积蓄,而且张某现在已经去世,因此张家既不要汽车也不再偿还汽车欠款,今后一切有关车辆运营的事都与张家无关。问:张妻可以要求刘某和李某共同赔偿张家遭受的损失吗?张家应承担支付汽车租赁欠款吗?

【解析】 张某和李某、刘某三人共同出资搞运输经营,共同劳动共担风险,这属于法律上规定的个人合伙。依据法律规定,合伙人在散伙时首先应当对全部合伙财产进行清算,合伙财产包括实物、金钱、债权和债务等。如果合伙人对合伙清算达不成一致,则合伙人可以向人民法院提起诉讼,请求法院通过司法程序进行清算。经过清算,如果合伙财产在清偿全部债务后还有剩余,则合伙人可以按照出资比例或者约定进行分配;如果合伙财产不足以清偿债务,则合伙人同样按照上述方法对剩余债务进行分担。由此可见,散伙时,在清算结果出来之前并不能确定每个合伙人究竟应享有多大权利或承担多大义务,因此也就更谈不上其中某个合伙人要求其他合伙人赔偿自己损失的问题。

第一章 自然人、法人和其他组织

依照法律规定,合伙事务可以有1名或数名合伙人具体执行,因此而产生的权利和义务都由全体合伙人共同承担。每一名合伙人在执行职务时,都应当依法谨慎、善意地履行职责,不得擅自超越相关职权范围,如果因故意或重大过失造成合伙财产损失则应依法承担赔偿责任。本案张某在交通事故中负主要责任,这说明其在履行职务时存在重大过失,因此其本人的损失以及给合伙财产造成的损失最终都应当由其本人负责。

张某虽然因交通事故去世,但其依法应当清偿的债务并不因此而消失。依据法律规定,合伙人应以其全部财产对合伙债务承担无限连带责任,也就是说,如果合伙财产不足以清偿债务时,应当以合伙人在家庭中的个人或共同财产继续清偿债务。本案张某等三人都是以家庭共同财产出资的,因此也都应当以家庭共同财产对相关债务承担清偿责任,所以虽然张某已经去世,但如果其家庭还有共同财产,则张家仍应以该财产偿还汽车公司的欠款。

(九)个人合伙与合伙企业的区别

我国合伙分为个人合伙、法人合伙和合伙企业3种。其中,只有合伙企业具有企业资格,个人合伙不具备企业资格,二者的区别如下。

①个人合伙可以订立口头的合伙协议;合伙企业必须有书面的合伙协议。

②起字号的自然人组成的个人合伙与自然人组成的合伙企业实质内容区别不大,只是工商登记不同,前者领取的是个体工商户的营业执照,而合伙企业领取的是合伙企业营业执照。

③合伙企业可以设立分支机构,个体工商户不可以设立分支机构。

④个人合伙由全体合伙人承担连带责任,而合伙企业存在有限合伙人。

⑤**诉讼主体资格**:个人合伙的全体合伙人在诉讼中为共同诉

讼人,合伙企业可以作为民事诉讼的当事人。

⑥个人合伙以非货币资产出资的,没有规定是否需要办理财产权转移手续;合伙企业法则规定:"以非货币资产出资的,依照法律、行政法规的规定,需要办理财产权转移手续的,应当依法办理。"

二、个体工商户

(一)个体工商户的概念

有经营能力的公民,依照《个体工商户条例》规定经工商行政管理部门登记,从事工商业经营的,为个体工商户。个体工商户可以个人经营,也可以家庭经营。自然人从事个体工商业经营必须依法核准登记。个体工商户的登记机关是县以上工商行政管理机关。个体工商户经核准登记,取得营业执照后,才可以开始经营。个体工商户转业、合并、变更登记事项或歇业,也应办理登记手续。主要法律依据为《个体工商户条例》(自2011年11月1日起施行,2014年2月19日修订)。

(二)个体工商户的设立

申请登记为个体工商户,申请人应当向经营场所所在地登记机关申请注册登记。申请人应当提交登记申请书、身份证明和经营场所证明。个体工商户登记事项包括经营者姓名和住所、组成形式、经营范围、经营场所。个体工商户使用名称的,名称作为登记事项。例如从事临时经营、季节性经营、流动经营和没有固定门面的摆摊经营,可以登记为个体工商户。

(三)个体工商户的债务

个体工商户的债务,个人经营的,以个人财产承担;家庭经营的,以家庭财产承担。即:以个人名义申请登记的个体工商户,个人经营、收益也归个人者,对债务负个人责任;以家庭共同财产投资,或者收益的主要部分供家庭成员消费的,其债务由家庭共有财

第一章 自然人、法人和其他组织

产清偿;在夫妻关系存续期间,一方从事个体工商户经营,其收入作为夫妻共有财产者,其债务由夫妻共有财产清偿;家庭全体成员共同出资、共同经营的,其债务由家庭共有财产清偿。

【案例1-4】 陈某与王某是夫妇,2002年,陈某辞职开办了一家个体服装店。但陈某开店的想法一直都遭到丈夫王某的反对,所以双方签订了一份协议,协议约定:陈某开店的一切责任自负,双方的各自收入归个人支配。陈某在经营中效益时好时坏,但王某从不过问。陈某开店后并没有与王某明确划分家庭财务,她也经常以营业收入为家中购置共同的生活用品,但两人的收入的确各自保管。2004年,陈某由于几次进货失误,造成商品严重积压,并欠下8万多元的债务。2005年初,债主纷纷前来讨债,陈某将全部货物及自己的存款还债,结果仍欠林某2万多元。林某因向陈某要不到全部欠款,便向法院起诉,请求以王某的存款偿还。法院经查实,王某在银行有5万元的存款。林某是否有权请求王某偿还陈某所欠的债务?

【解析】 本案中,王某必须承担陈某的债务。我国夫妻财产制是夫妻所得共同制和约定财产制。如果夫妻间没有对整个夫妻关系存续期间的全部财产作特别约定,依据最高人民法院《关于贯彻执行〈中华人民共和国民法通则〉若干问题的意见(试行)》第43条的规定:"在夫妻关系存续期间,一方从事个体经营或者承包经营的,其收入为夫妻共有财产,债务亦应以夫妻共有财产清偿。"本案中陈某与王某仅对个别财产做出约定,即他们仅对经营收入作了约定,所以王某仍要以他的收入对陈某的债务负责。另外,陈某也经常以营业收入为家中购置共同的生活用品,应当属于收益的主要部分供家庭成员消费,所以债务应由家庭共有财产清偿。

农村实用经济法规解读

第二章 代理法律制度

第一节 代理概述

一、代理的概念

代理是指代理人依照被代理人的授权,并在其授权范围内代表被代理人与第三人订立合同或为其他法律行为,其法律后果直接由被代理人承受的一种法律制度。所以,代理关系中一般存在以下3个主体。

代理人,代替被代理人实施法律行为的人。

被代理人,又称为"本人",由代理人替自己实施法律行为,承担法律后果的人。

第三人,又称为"相对人",与代理人实施法律行为的人。

在实际中,代理一般适用于订立合同、履行债务、申请专利、商标注册、诉讼等活动,并非所有的法律行为都可以进行代理。依照法律规定或者按照双方当事人约定,应当由本人实施的民事法律行为,不得代理。例如,某些具有人身性质的行为,不得代理:婚姻登记、收养子女。双方约定必须由本人亲自实施的行为,不得代理,如约稿、预约绘画、履行演出合同。有关代理的法律规定主要参照《民法通则》、《合同法》的相关要求。

【案例2-1】 某画院的杨某是著名画家,他画的每幅山水画都能卖到上千元。某画廊向杨某订购了10幅山水画,双方约定2个月内交货,画廊交给杨某定金3 000元。事隔不久,海外有人邀

第二章 代理法律制度

请杨某出国讲学,他忙于办出国手续,一直不能安心作画。杨某即对自己的2个学生说:"这10幅画就分给你们俩了,我把我的印章留给你们,你俩临摹上我的10幅画,盖上我的印鉴,就说是我画的,那7 000元报酬就算给你们润笔啦!"杨某出国后,画廊来取画。杨某的2个学生将他们作的10幅画交给了画廊,收取了报酬。画廊将这10幅画挂在画廊,一位港商看中其中2幅,重金购买后带回香港,请人鉴赏发现是别人临摹的,提出要退货,引起纠纷。问:杨某可否让学生代笔?

【解析】 画廊向杨某订购山水画,可以看作是双方约定必须由本人亲自实施的行为。所以,杨某不能让学生代笔。法律规定:凡是依法或者依双方的约定必须由本人亲自实施的民事行为,本人未亲自实施的,应当认定行为无效。根据这一精神,法院判决杨某必须依约为画廊重作10幅画,并赔偿因此给画廊造成的经济损失。

二、代理的特征

代理具有如下几个特征。

①代理人必须在被代理人授权范围内实施代理行为。因此,代理人超越代理权限的行为不属于合法的代理行为,该代理人对此应承担相应的法律责任。

②代理人在授权范围内可以有自己独立的意思表示。例如,某家具厂授权销售人员1号家具售价不能低于1万元,销售代理人在销售过程中可以根据具体情况在授权范围内自己决定以什么价格成交。

③被代理人对代理人的代理行为承担相应的民事责任。例如,销售代理人签订了销售合同以后,履行合同的义务应该由被代理人负责。

农村实用经济法规解读

第二节 代理的种类

代理一般包括委托代理、法定代理和指定代理3类。

一、委托代理

委托代理又称意定代理或任意代理,是指代理人依法接受被代理人的委托授权而发生的代理。根据《民法通则》的规定,民事法律行为的委托代理,可以用书面形式,也可以用口头形式。法律规定用书面形式的,应当用书面形式。书面的委托形式是授权委托书,如代理证书。一般代理证书应当载明:代理人的姓名或名称、代理事项、代理的权限范围、有效期限、委托人签名、盖章。委托书授权不明的,被代理人应当向第三人承担民事责任,代理人负连带责任。此处的"连带责任"也就是指被代理人和代理人共同向第三人负责。

二、法定代理

法定代理是指代理人的代理权并非基于被代理人的授权行为,而是直接基于相关法律的规定而产生的代理。例如,《民法通则》第14条规定:"无民事行为能力人、限制民事行为能力人的监护人是他的法定代理人"。

三、指定代理

指定代理是指依据人民法院或者有关行政机关的指定而产生的代理。根据《民法通则》的规定,人民法院、未成年人父母的所在单位或精神病人的所在单位、未成年人或精神病人住所地的居民委员会或者村民委员会有权为未成年人或精神病人指定代理人。指定代理可以用书面形式,也可以采用口头形式。《民事诉讼法》第57条规定:"无诉讼行为能力人由他的监护人作为指定代理人代为诉讼。"

第二章 代理法律制度

第三节 代理权的行使

代理权是直接归属于代理人所有的一项重要的权限,代理人只有拥有代理权,才能代理当事人的民事法律行为。

一、代理权行使的一般要求

行使代理权应遵循如下原则:

①代理人应当具有完全民事行为能力,否则不能担任代理人。

②代理人应当在代理权限范围内积极行使代理权,不得擅自超越或者变更代理权限。

③代理人应当忠于职守、诚实守信,积极维护被代理人的合法权益。代理人不履行职责而给被代理人造成损害的,应当承担民事责任。

④代理人应合法行使代理权。代理人知道被委托代理的事项违法仍然进行代理活动的,或者被代理人知道代理人的代理行为违法不表示反对的,由被代理人和代理人负连带责任。

二、代理权的滥用

代理人不得滥用代理权。在司法实践中,滥用代理权的行为主要包括以下3种。

①自己代理。例如,甲代理饼干厂采购面粉,在未告知被代理人的情况下,擅自将自己家积压的面粉卖给饼干厂。

②双方代理。例如,甲代理饼干厂采购面粉,在未告知被代理人的情况下,接受乙面粉厂的委托销售面粉,于是一人代理双方签订面粉买卖合同。

③代理人和第三人恶意串通,损害被代理人利益的行为。

滥用代理权的行为,视为无效代理。代理人滥用代理权给被代理人及他人造成损害的,必须承担相应的赔偿责任。代理人和第三人恶意串通,损害被代理人利益的,由代理人和第三人负连带责任。

【案例2-2】 甲某为采购员,经常在全国各地出差。乙某是其邻居,平时以采撷草药为生。乙某在山中挖到一名贵草药,正好甲某要到上海出差,于是乙某就委托甲某将草药带去卖掉。甲某却将草药带到邻村朋友家。朋友父亲丁某是老中医,他看了之后请甲某将草药卖于他,并表示愿给甲某200元的好处费。结果甲某以低于上海市场将近500元的价格把草药卖给了丁某。双方约定,如果事后乙某来此处打听这种草药价格,丁某就说此草药现在已经大跌价,在上海也不值钱了。不料此事被正要到丁某家来看病的乙某的一个远房亲戚听见了,不久就告诉了乙某。乙某遂要求甲某和丁某赔偿自己的损失。问:甲某的代理行为是一种什么性质的行为?乙某是否有权要求甲某和丁某两人赔偿?

【解析】 甲某的行为是一种与第三人串通,损害被代理人利益的行为。乙某委托甲某将草药带到上海去卖,而甲某却将草药卖于丁某,这本身就违背了被代理人的意思;而且甲某还以低于市场价的价格卖草药,更是直接损害了乙某的利益;甲某在卖草药的过程中,私下收受了丁某给予的好处费,将草药以低价卖给丁某,并相约共同欺骗乙某,这就是相互串通,共同损害了被代理人乙某的利益。

《民法通则》规定:"代理人和第三人串通,损害被代理人的利益的,由代理人和第三人负连带责任。"因此,本案中甲某与第三人丁某应对乙某的损失承担连带赔偿责任。

三、复代理

复代理是指代理人为被代理人的利益将其所享有的代理权转托他人而产生的代理。《民法通则》规定,委托代理人为被代理人的利益需要转托他人代理的,应当事先取得被代理人的同意。事先没有取得被代理人同意的,应当在事后及时告诉被代理人,如果

第二章 代理法律制度

被代理人不同意,由代理人对自己所转托的人的行为负民事责任,但在紧急情况下,为了保护被代理人的利益而转托他人代理的除外。

紧急情况是指由于急病、通讯联络中断等特殊原因,委托代理人自己不能办理代理事项,又不能与被代理人及时取得联系,如不及时转托他人代理,会给被代理人的利益造成损失或者扩大损失的。

因委托代理人转托不明,给第三人造成损失的,第三人可以直接要求被代理人赔偿损失;被代理人承担民事责任后,可以要求委托代理人赔偿损失,转托代理人有过错的,应当负连带责任。

【案例2-3】 甲委托好友乙到A市处理一批时鲜水果,乙到A市后患急症卧病在医院,无奈之下转托给朋友丙来负责水果售卖事宜。当时该种水果市价4元/千克。丙为图省事而想尽快卖掉,即以2元/千克迅速出手。结果,10吨水果在半日内销售一空,但甲亏本严重。问:甲的损失向谁主张赔偿?

【解析】 甲的损失向乙主张赔偿。因为乙作为代理人转托丙未构成复代理,复代理要求,一般应当事先取得被代理人的同意。即使在紧急情况下,要求只有"不能与被代理人及时取得联系"时,才可以先转托,后告知。本案中,乙到A市后患急症卧病在医院,不能行使代理职责,在未取得被代理人同意的情况下,擅自转托丙,所以不符合复代理的形成条件。由于丙不负责任,给甲造成损失,所以甲可以向乙主张赔偿。

第四节 无权代理

一、无权代理的概念

无权代理是指行为人在没有合法获得代理权的条件下而以被代理人的名义与第三人实施民事行为的代理。无权代理有广义和狭义之分。广义的无权代理包括表见代理和表见代理之外的无权代理,而狭义的无权代理则是指除表见代理之外的无权代理。

二、狭义的无权代理

在我国的《民法通则》和《合同法》中,无权代理一般指的是狭义上的无权代理,即行为人没有代理权、超越代理权或者代理权终止后所进行的代理。

狭义的无权代理主要包含以下构成要件:①行为人既没有法定的或意定的代理权,也没有令第三人相信其有代理权的事实或理由;②行为人以被代理人的名义与第三人为民事行为;③第三人需为善意且无过失。

行为人的无权代理行为,只有经过被代理人的追认,被代理人才承担相应的法律后果;未经追认的,由行为人自己承担民事责任。此处的"追认"是指事后承认某行为有效。另外,根据《合同法》的规定,相对人即第三人,可以催告被代理人在1个月内予以追认。被代理人未做表示的,视为拒绝追认。合同被追认之前,善意相对人有撤销的权利。撤销应当以通知的方式做出。撤销通知到达对方当事人,则合同归于无效。

【案例2-4】 王某与华某(女)于1982年结婚。1995年王某的父亲在老家去世,王某一人奔丧回家,将父亲的后事料理完之后,王某将变卖房屋的18 000元钱,连同父亲遗留的5 000元钱一起存入自己的银行账户。1997年,夫妇俩想在家乡开饭馆,华某主张租房,而王某则想买房,最后两人决定让刘某先给他们租三间房,如果有价格合适的房再通知他们。刘某得知一家饭馆正好要出卖,价钱也仅有同地段商品房的2/3,于是刘某没有通知王某夫妇就自己垫付2万元钱以王某的名义先买了下来。知道此事华某坚决反对,认为刘某的行为没有得到他们的授权,应由他自己承担后果;但是王某却同意,并从自己的存款中取出钱汇给刘某,并委托刘某以他的名义办理了产权过户手续。夫妇俩回家经营饭馆1

第二章 代理法律制度

年后,由于两人关系恶化,王某提出离婚。华某同意离婚,但主张房屋应有其一半产权。刘某的行为是否属于无权代理?其效力对华某最终是否有效?该房屋华某是否享有产权?

【解析】 刘某的行为是无权代理,因为王某夫妇只授权刘某租房,并没有要求他买房,刘某是超越代理权的无权代理。但是王某在后来以汇款和委托他办理过户手续的事实对刘某的行为予以了追认。王某的追认应该不仅仅对王某本人有效,对华某也同样有效。因为王某与华某是夫妻,刘某有理由相信其妻同意买房,而且华某在事后并没有表示反对,而是与王某一同回家以此房经营饭馆,其行为已经是对王某无权代理的追认。

华某对该房屋享有所有权。此房是王某与华某夫妻关系存续期间所购买,应属于夫妻共同财产;虽然王某购房款是其父的遗产,但是根据我国《婚姻法》,在夫妻关系存续期间,一方继承所得的财产也是夫妻共同财产,而不是王某的个人财产。

三、表见代理

表见代理是指行为人虽然在实质上没有代理权,但在表面上足以使善意第三人相信其有代理权,并且以被代理人的名义实施的代理。《合同法》第49条规定:"行为人没有代理权、超越代理权或者代理权终止后以被代理人的名义订立合同,相对人有理由相信行为人有代理权的,该代理行为有效。"

【案例2-5】 甲公司业务经理乙长期在丙餐厅签单招待客户,餐费由公司按月结清。后乙因故辞职,月底甲公司到餐厅前去结账时,发现乙辞职后仍在该餐厅签单3次,这几次用餐都是招待私人朋友,因而甲公司拒付乙这3次签单的餐费。问:甲公司是否可以拒付?

【解析】 乙的行为属于表见代理。虽然乙辞职后代理权消灭,但是丙餐厅不知道,而且根据以往的业务习惯,有理由相信乙仍然有代理权,属于善意第三人。所以,乙行为的法律后果应当由

农村实用经济法规解读

甲公司承担,甲公司承担后可以向乙追偿。

结合实践,表见代理的情形主要有:①被代理人对第三人表示已将代理权授予他人,而实际并未授权;②被代理人将某种有代理权的证明文件(如盖有公章的空白介绍信、空白合同文本、合同专用章等)交给他人,他人以该种文件使第三人相信其有代理权并与之进行法律行为;③代理授权不明;④代理关系终止后未采取必要的措施而使第三人仍然相信行为人有代理权,并与之进行法律行为;⑤代理人违反被代理人的意思或者超越代理权,第三人无过失地相信其有代理权而与之进行法律行为。

对上述客观依据,依《合同法》第49条的规定,相对人负有举证责任。在我国司法实践中,盗用他人的介绍信、合同专用章或者盖有公章的空白合同书签订合同的,一般不认定为表见代理,但被代理人应负举证责任,如不能举证则构成表见代理。对于借用他人介绍信、合同专用章或者盖有公章的空白合同书签订的合同,一般不认定为表见代理,由出借人与借用人对无效合同的法律后果负连带责任。

表见代理行为成立的,订立的合同有效,本人(被代理人)对相对人(善意第三人)承担民事责任。表见代理的法律后果使被代理人的利益受到损害时,无权代理人应依法赔偿。当表见代理的法律后果使被代理人从中受益时,根据公平原则,无权代理人有权要求被代理人支付其因实施代理行为而支出的相关的合理费用。

【案例2-6】 詹甲系聂某之子。原四川省宜宾市某临街门面房屋,属聂某母子四人的共有财产。1995年,宜宾某建设单位因修建综合楼拆除该房,并在原址向被拆迁人聂某母子返还了新门面房。1997年3月1日,聂某及其子詹乙、詹丙三人与李某签订了房屋买卖协议书,由李某出资40万元购买聂某母子所有的门面房屋。因詹甲在外经商,詹乙在卖房协议上代为签名。此后,李某向聂某等人付清了全部购房款,聂某将房屋交付李某使用至今。

第二章 代理法律制度

2001年4月,李某到房管部门办理了产权证书。8月,詹甲以其母和两个兄弟无权处分其共有房产,自己享有优先购买权等为由向法院起诉,请求撤销聂某等人与李某签订的房屋买卖协议。另外,詹甲虽长期在外经商,但每年春节都返乡探家。问:该房屋买卖协议是否有效?

【解析】 聂某、詹乙、詹丙与李某签订房屋买卖协议的意思表示真实,并已实际履行。詹乙代詹甲在房屋买卖协议上签名,构成表见代理。购房人李某并不知道詹乙没有代理权,更不知道詹甲不同意出卖共有房,属于善意第三人。詹甲虽在外经商,但每年春节返乡,应知道卖房一事。李某系善意有偿取得所购房屋所有权,因此该房屋买卖协议合法有效。

第五节 代理权的终止

代理权的终止即代理权的消灭。《民法通则》第69、第70条分别规定了委托代理和法定代理、指定代理终止的原因。

一、委托代理终止的原因

①代理期间届满或者代理事务完成。授权行为附有终止期的,期限届满,代理权终止。代理事务完成,代理已无存在的必要。

②被代理人取消委托或者代理人辞去委托。被代理人的授权行为如是向第三人表示的,取消委托的意思也得告知第三人,或以公示方式(如将意思表示发表)进行。辞去代理是代理人放弃代理权的意思表示。如某律师辞去代理导致违反与被代理人的委托合同,辞去行为仍有效,但被代理人可追究代理人的合同责任。

③代理人死亡。代理人死亡,代理权失去承担人,当然消灭。

④代理人丧失民事行为能力。代理人以完全民事行为能力为条件,丧失民事行为能力肯定无法担当代理职责,代理权也终止。

⑤作为被代理人或者代理人的法人终止。对于被代理人或

农村实用经济法规解读

代理人是法人的,一旦法人资格终止,委托代理关系消灭。

但被代理人如果是自然人,被代理人死亡,代理权不能当然消灭。为保护被代理人的利益,最高人民法院《民通意见》规定,被代理人死亡后有下列情况之一的,委托代理人实施的代理行为有效:代理人不知道被代理人死亡的;被代理人的继承人均予承认的;代理人与代理人约定到代理事项完成时代理权终止的;在被代理人死亡前已经进行、而在被代理人死亡后为了被代理人的继承人的利益继续完成的。

【案例2-7】 李某受单位委派到某国考察,王某听说后委托李某代买一种该国产的名贵药物。李某考察归来后将所买的价值1 500元的药送至王某家中。但王某的儿子告诉李某,其父已于不久前去世,这药本来就是给他治病的,现在父亲已去世,药也就不要了,请李某自己处理。李某非常生气,认为不管王某是否活着,这药王家都应该收下。问:李某行为的法律后果到底应由谁来承担?药是否应由王家出钱买下?为什么?

【解析】 李某购买名贵药物是受王某的委托才进行的,其行为应属民事代理。《民法通则》规定,代理人在代理权限内,以被代理人的名义实施民事法律行为,被代理人对代理人的代理行为,承担民事责任。因此,本案中李某购买药材所花的钱应由王某承担。

根据最高人民法院《民通意见》的规定,当被代理人死亡后,代理人由于不知道被代理人死亡而为的民事法律行为仍然有效。也就是说,代理人因实施代理行为所产生的后果应由被代理人的继承人受领,由此所产生的债务作为被代理人的债务,以被代理人的遗产或者由其继承人或受遗赠人来承担。本案中,王家理当出钱买下此药。

二、法定代理或指定代理终止的原因

有下列情形之一的,法定代理或者指定代理终止:

①被代理人取得或者恢复民事行为能力。例如,被代理人取

第二章 代理法律制度

得完全民事行为能力。

②被代理人或者代理人死亡。

③代理人丧失民事行为能力。

④指定代理的人民法院或者指定单位取消指定。

⑤由其他原因引起的被代理人和代理人之间的监护关系消灭。

农村实用经济法规解读

第三章 担保法律制度

第一节 担保概述

一、担保的概念和特征

担保是指法律为促使债务人履行债务,保障债权人债权的实现,而采取的具有法律约束力的措施。关于担保的法律规定主要有《担保法》《物权法》。在担保活动中,当事人相互之间应当遵循平等、自愿、公平、诚实信用的原则。担保具有如下法律特征。

(一) 从属性

担保的成立、消灭和处分必须以一定债的关系为前提。例如,张虎向银行贷款是前提,银行要求张虎为该借款提供担保是从属行为。张虎按期还清贷款,担保也自然随之无效。

(二) 补充性

债权人只有在债务人不履行或者不能履行债务时,才会要求担保人履行担保义务,实现自己的债权。

二、担保的分类

依据《担保法》的规定,担保的方式共有5种,分别是保证、抵押、质押、留置和定金。依据不同的角度可以对担保进行如下分类。

(一) 约定担保和法定担保

这是根据设定担保的方式不同进行的分类。约定担保是指根

第三章 担保法律制度

据当事人双方的意思表示,签订担保协议以设立的担保,如保证、抵押、质押、定金。法定担保是指基于法律规定在特定财产上当然发生的担保,不需要当事人约定,如留置。

(二)人的担保、物的担保、金钱担保

这是根据担保标的的不同所做的分类。人的担保是指第三人以自己的财产或信用为他人债务提供的担保,如保证。物的担保是以债务人或其他人的特定财产为债务提供的担保,如抵押、质押、留置。金钱担保是在债务以外用支付一定数额的金钱,保证债权的实现,如定金。

第二节 保 证

保证是指保证人和债权人约定,当债务人不履行债务时,保证人按照约定履行债务或者承担责任的行为。

一、保证人的主体资格

并不是所有的参与社会经济活动的主体均可以作保证人,只有具有代为清偿能力的法人、其他组织或者公民,才可以作保证人。国家机关和公益性法人就不得成为保证人。

根据《担保法》的规定,国家机关不得为保证人,但经国务院批准为使用外国政府或者国际经济组织贷款进行转贷的除外;学校、幼儿园、医院等以公益为目的的事业单位、社会团体不得为保证人;企业法人的分支机构、职能部门不得为保证人,但企业法人的分支机构有法人书面授权的,可以在授权范围内提供保证。

二、保证的方式

保证的方式分为一般保证和连带责任保证。当事人对保证方式没有约定或者约定不明确的,按照连带责任保证承担保证责任。

农村实用经济法规解读

(一)一般保证

一般保证是指当事人在保证合同中约定,当债务人不能履行债务时,则由保证人承担保证责任。但是,一般保证人享有先诉抗辩权,也就是在一般保证中,债权人必须先通过诉讼或者仲裁的方式向债务人主张权利,并且已经对债务人的财产进行了强制执行,债务人仍不能履行债务的,债权人才能要求一般保证人承担保证责任,替债务人清偿债务;否则,一般保证人就会拒绝承担保证责任。

有下列情形之一的,保证人不得行使先诉抗辩权:债务人住所变更,致使债权人要求其履行债务发生重大困难的;人民法院受理债务人破产案件,中止执行程序的;保证人以书面形式放弃前款规定的权利的。

(二)连带责任保证

连带责任保证是指当事人在保证合同中约定保证人与债务人对债务负连带责任。连带责任保证的债务人在债务履行期届满没有履行债务的,债权人可以要求债务人履行债务,也可以要求保证人在其保证范围内承担保证责任,保证人不得拒绝。

【案例3-1】 杨丽凤因生意资金周转困难向吴国忠借款人民币40 000元,并于借款当日向吴国忠出具了一张借条,双方在借条上约定了还款时间。保证人张信芳(杨丽凤之母亲)在该借条上签署了"如果债务人不履行义务的,保证人愿意承担保证责任"的保证意见。还款期限届满后,杨丽凤未能履行还款义务,因此吴国忠向人民法院提起诉讼,要求杨丽凤履行还款义务,并要求担保人承担连带清偿责任。问:保证人张信芳承担的是连带责任保证还是一般保证?

【解析】 最高人民法院2002年下发的《关于涉及担保纠纷案件的司法解释的适用和保证责任方式认定问题的批复》中曾针对

第三章 担保法律制度

保证方式约定不明的情况确立了2项判断原则：①保证合同中明确约定保证人在债务人不能履行债务时承担保证责任的，视为一般保证；②保证合同中明确约定保证人在债务人不履行债务时承担保证责任，且根据当事人订立合同的本意推定不出一般保证责任的，视为连带保证责任。该批复确立了一般保证和连带责任保证的区别原则是以"不"和"不能"作为区分的标准的。

具体到本案来看，吴国忠、杨丽凤、张信芳并没有明确约定保证人张信芳承担的是一般保证责任还是连带保证责任，而只约定"如果债务人不履行义务的，保证人愿意承担保证责任"。通过前述分析，应当认定为张信芳对杨丽凤的债务承担连带保证责任。

三、保证合同

（一）保证合同的内容

保证人与债权人应当以书面形式订立保证合同。保证合同通常包括如下内容：①被保证的主债权种类、数额，主债权是指债务人欠债权人的债；②债务人履行债务的期限；③保证的方式；④保证担保的范围；⑤保证的期间；⑥双方认为需要约定的其他事项。

（二）保证责任的范围

保证责任的范围包括主债权、利息、违约金、损害赔偿金和实现债权的费用。保证合同另有约定的，按照约定。只有当事人对保证担保的范围没有约定或者约定不明确的，保证人才对上述全部债务承担责任。当然，保证人在承担了保证责任之后，有权向债务人进行追偿。

（三）保证期间

一般保证的保证人与债权人未约定保证期间的，保证期间为主债务履行期限届满之日起6个月。在保证期间，债权人应当对债务人提起诉讼或者申请仲裁。

连带责任保证的保证人与债权人未约定保证期间的，债权人

农村实用经济法规解读

有权自主债务履行期届满之日起6个月内要求保证人承担保证责任。

债权人没有在保证期间主张上述权利的,保证人免除保证责任。

四、保证责任的减免

(一)保证与物的担保并存

被担保的债权既有物的担保又有人的担保的,债务人不履行到期债务或者发生当事人约定的实现担保物权的情形,债权人应当按照约定实现债权;没有约定或者约定不明确,债务人自己提供物的担保的,债权人应当先就该物的担保实现债权;第三人提供物的担保的,债权人可以就物的担保实现债权,也可以要求保证人承担保证责任。提供担保的第三人承担担保责任后,有权向债务人追偿。债权人放弃物的担保的,保证人在债权人放弃权利的范围内免除保证责任。

【案例3-2】 甲对乙享有60万元债权,李红与甲签订了保证合同。合同约定,由李红承担连带责任保证。同时,乙还以其价值30万元的房屋向甲设定了抵押。债权到期后,甲放弃了对乙的房屋的担保物权,直接要求李红承担责任,偿还其60万元债权及相关费用。问:李红是否应该承担保证责任?

【解析】 李红作为保证人担保的主债权是甲对乙享有的60万元债权。这个债权既有物的担保又有人的担保。合同中没有约定,债务人不履行到期债务后,债权人应该先找李红还是先变卖乙的房屋,根据法律规定:没有约定或者约定不明确,债务人自己提供物的担保的,债权人应当先就该物的担保实现债权。所以,应该先变卖乙的房屋进行受偿。但是债权人甲放弃了对乙的房屋的担保物权,直接要求李红承担责任,则保证人在债权人放弃权利的范围内免除保证责任。也就是说,应该先评估一下乙的房屋的价值,

第三章 担保法律制度

假设价值还是 30 万,那么李红只需要对剩余的 30 万债权及相关费用承担保证责任。

(二)不承担责任的情况

有下列情形之一的,保证人不承担民事责任:主合同当事人双方串通,骗取保证人提供保证的;主合同债权人采取欺诈、胁迫等手段,使保证人在违背真实意思的情况下提供保证的。

(三)主合同变更对保证人的影响

保证期间,债权人依法将主债权转让给第三人的,保证人在原保证担保的范围内继续承担保证责任。保证合同另有约定的,按照约定。

保证期间,债权人许可债务人转让债务的,应当取得保证人书面同意,保证人对未经其同意转让的债务部分,不再承担保证责任。

债权人与债务人协议变更主合同的,应当取得保证人书面同意,未经保证人书面同意的,如果变更内容减轻了债务人的债务,保证人仍应当对变更后的合同承担保证责任;如果加重了债务人的债务,保证人对加重的部分不承担保证责任。

第三节 抵 押

抵押是指债务人或者第三人不转移抵押人对其所拥有财产的占有,而将该财产作为债务的担保。当债务人不履行债务时,债权人有权依法以该财产折价或者以拍卖、变卖该财产的价款优先受偿。其中,债务人或者第三人为抵押人,债权人为抵押权人,提供担保的财产为抵押物。

农村实用经济法规解读

一、可以抵押的财产

(一)可以抵押的财产

根据《物权法》规定,债务人或者第三人有权处分的下列财产可以抵押:①建筑物和其他土地附着物;②建设用地使用权;③以招标、拍卖、公开协商等方式取得的荒地等土地承包经营权;④生产设备、原材料、半成品、产品;⑤正在建造的建筑物、船舶、航空器;⑥交通运输工具;⑦法律、行政法规未禁止抵押的其他财产。抵押人可以进行企业财产的集合抵押,即将前述所列财产一并抵押。

(二)不可以抵押的财产

下列财产不得抵押:土地所有权;耕地、宅基地、自留地、自留山等集体所有的土地使用权,但法律规定可以抵押的除外;学校、幼儿园、医院等以公益为目的的事业单位、社会团体的教育设施、医疗卫生设施和其他社会公益设施;所有权、使用权不明或者有争议的财产;依法被查封、扣押、监管的财产;法律、行政法规规定不得抵押的其他财产。

(三)建筑物的抵押问题

以建筑物抵押的,该建筑物占用范围内的建设用地使用权一并抵押。以建设用地使用权抵押的,该土地上的建筑物一并抵押。乡镇、村企业的建设用地使用权不得单独抵押。以乡镇、村企业的厂房等建筑物抵押的,其占用范围内的建设用地使用权一并抵押。

(四)2014年中央一号文件的规定

2014年中央一号文件规定:在落实农村土地集体所有权的基础上,稳定农户承包权,放活土地经营权,允许承包土地的经营权向金融机构抵押融资。有关部门要抓紧研究提出规范的实施办法,建立配套的抵押资产处置机制,推动修订相关法律、法规。改革农村宅基地制度,完善农村宅基地分配政策,在保障农户宅基地

第三章 担保法律制度

用益物权前提下,选择若干试点,慎重稳妥推进农民住房财产权抵押、担保、转让。由此可见,承包土地的经营权、农民住房财产权的抵押即将付诸实施。

二、抵押合同与抵押权

(一)抵押合同

抵押人和抵押权人应当以书面形式订立抵押合同。抵押权人在债务履行期届满前,不得与抵押人约定债务人不履行到期债务时抵押财产归债权人所有。

抵押合同一般包括以下内容:①被担保债权的种类和数额;②债务人履行债务的期限;③抵押财产的名称、数量、质量、状况、所在地、所有权归属或者使用权归属;④担保的范围。

(二)抵押权

当事人以下列财产抵押的,应当办理抵押登记,抵押权自登记时设立:①建筑物和其他土地附着物;②建设用地使用权;③以招标、拍卖、公开协商等方式取得的荒地等土地承包经营权;④正在建造的建筑物。

当事人以其他财产抵押的,抵押权自抵押合同生效时设立;未经登记,不得对抗善意第三人。此处"不得对抗善意第三人"是指抵押权人不得向已支付合理价款并取得了该抵押财产的不知情买受人主张行使抵押权。

【案例3-3】 老黄是从事肉制品加工的个体工商户,最近资金紧张,就向杨老板借款30万。杨老板提出要有担保,老黄以自己的生产设备和冷库里的半成品为抵押。于是两人签订了抵押借款协议,约定:如果老黄3个月后不能偿还30万元,杨老板就以该生产设备和半成品实施抵押权。5个月后,老黄还没还款。杨老板诉至法院。在法院审理过程中,台商王女士手持申请和证据,要求作为第三人参加诉讼,因为1个月前老黄已经把同一批设备和

33

半成品卖给她了,她已付清了货款,所以王女士要求判令这些物品归自己所有。问:王女士的主张是否合法?

【解析】《物权法》第189条规定:"企业、个体工商户、农业生产经营者以现有的以及将持有的属于生产设备、原材料、半成品、产品的动产抵押,应向抵押人住所地的工商行政管理部门办理登记。抵押权自抵押合同生效时设立;未经登记,不得对抗善意第三人。"本案中,杨老板和老黄的抵押合同没办理登记,该抵押权不能对抗善意第三人,因此法院将争议财产判给王女士。杨老板只能再去找老黄还债。如果他们办理了抵押登记,老黄要卖这些抵押物,须经抵押权人杨老板同意,然后杨老板可从老黄得到的价款中优先受偿。

三、抵押权的效力

(一)抵押财产价值的减少

抵押人的行为足以使抵押财产价值减少的,抵押权人有权要求抵押人停止其行为。抵押财产价值减少的,抵押权人有权要求恢复抵押财产的价值,或者提供与减少的价值相应的担保。抵押人不恢复抵押财产的价值也不提供担保的,抵押权人有权要求债务人提前清偿债务。

(二)抵押财产的转让

抵押期间,抵押人经抵押权人同意转让抵押财产的,应当将转让所得的价款向抵押权人提前清偿债务或者提存。转让的价款超过债权数额的部分归抵押人所有,不足部分由债务人清偿。抵押期间,抵押人未经抵押权人同意,不得转让抵押财产,但受让人代为清偿债务消灭抵押权的除外。

【案例3-4】 某个体运输专业户杨光想自办一个蜂窝煤厂,由于资金不足,向该镇农村信用社申请贷款。双方于8月20日签订了合同。合同约定:由信用社贷给杨光人民币2万元,贷款期限

第三章 担保法律制度

为半年……杨光将其自有的东风牌货车一辆作为抵押。合同签订后,双方还到交通管理部门办理了抵押权登记。此后蜂窝煤厂亏损严重。眼看还款期临近,杨光担心将来汽车被廉价变卖,便自行将汽车出卖给孙东风,得款2.1万元,双方还办理了有关过户手续。第二年2月20日,杨光去还贷的途中,车款全部被盗,再无清偿能力。信用社得知此事后,遂向人民法院起诉,要求从孙东风处追回汽车,变卖后优先受偿。问:抵押权何时成立?信用社的主张能否获得支持?

【解析】 由于汽车不属于应当办理抵押登记的财产范围,所以抵押权自8月20日签订合同之日设立。

因为抵押期间,抵押人未经抵押权人同意,不得转让抵押财产。而且该财产办理了抵押登记,可以对抗善意第三人。所以,信用社的主张能获得支持,或者孙东风代为清偿债务消灭抵押权,保留下汽车。

(三)抵押财产的出租

订立抵押合同前抵押财产已出租的,原租赁关系不受该抵押权的影响;抵押权人只有等到租赁关系结束后,才能行使抵押权。抵押权设立后抵押财产出租的,该租赁关系不得对抗已登记的抵押权;也就是抵押权人可以要求解除租赁关系,行使抵押权。

四、抵押权的实现

(一)抵押权的实现方式

债务人不履行到期债务或者发生当事人约定的实现抵押权的情形,抵押权人可以与抵押人协议以抵押财产折价或者以拍卖、变卖该抵押财产所得的价款优先受偿。抵押权人与抵押人未就抵押权实现方式达成协议的,抵押权人可以请求人民法院拍卖、变卖抵押财产。抵押财产折价或者拍卖、变卖后,其价款超过债权数额的部分归抵押人所有,不足部分由债务人清偿。

农村实用经济法规解读

(二) 重复抵押

同一财产向 2 个以上债权人抵押的,拍卖、变卖抵押财产所得的价款依照下列规定清偿:①抵押权已登记的,按照登记的先后顺序清偿;顺序相同的,按照债权比例清偿;②抵押权已登记的先于未登记的受偿;③抵押权未登记的,按照债权比例清偿。

(三) 特殊情况

建设用地使用权抵押后,该土地上新增的建筑物不属于抵押财产。该建设用地使用权实现抵押权时,应当将该土地上新增的建筑物与建设用地使用权一并处分,但新增建筑物所得的价款,抵押权人无权优先受偿。

以招标、拍卖、公开协商等方式取得的荒地等土地承包经营权,或者以乡镇、村企业的厂房等建筑物占用范围内的建设用地使用权一并抵押的,实现抵押权后,未经法定程序,不得改变土地所有权的性质和土地用途。

第四节 质 押

一、动产质押

(一) 动产质押的定义

动产质押是指债务人或者第三人将其动产出质给债权人占有,从而将该动产作为债权的担保。当债务人不履行到期债务或者发生当事人约定的实现质权的情形时,债权人有权依法以该动产折价或者以拍卖、变卖该动产的价款优先受偿。债务人或者第三人为出质人,债权人为质权人,交付的动产为质押财产。法律、行政法规禁止转让的动产不得出质,例如毒品、管制枪支。

(二) 质权合同

出质人和质权人应当以书面形式订立质权合同。质权人在债

第三章 担保法律制度

务履行期届满前,不得与出质人约定债务人不履行到期债务时质押财产归债权人所有。

质权合同一般包括以下内容:①被担保债权的种类和数额;②债务人履行债务的期限;③质押财产的名称、数量、质量、状况;④担保的范围;⑤质押财产交付的时间。

(三)质权人的权利和义务

质权自出质人交付质押财产时设立。

质权人的权利主要包括:①质权人有权收取质押财产的孳息,但合同另有约定的,从其约定;孳息是指由某一特定物产生的收益。②因不能归责于质权人的事由可能使质押财产毁损或者价值明显减少,足以危害质权人权利的,质权人有权要求出质人提供相应的担保;出质人不提供的,质权人可以拍卖、变卖质押财产,并与出质人通过协议将拍卖、变卖所得的价款提前清偿债务或者提存;③债务人不履行到期债务或者发生当事人约定的实现质权的情形,质权人可以与出质人协议以质押财产折价,也可以就拍卖、变卖质押财产所得的价款优先受偿。质押财产折价或者拍卖、变卖后,其价款超过债权数额的部分归出质人所有,不足部分由债务人清偿。

质权人的义务主要包括:①质权人负有妥善保管质押财产的义务;②债务人履行债务或者出质人提前清偿所担保的债权的,质权人应当返还质押财产。

【案例3-5】 甲、乙各出资10万元共同购买机械设备一套,双方约定轮流使用,每次时间为半年。甲在使用设备期间,向善意的丙借款15万元,并将该设备交付给丙设定质押担保。甲无力还款,丙行使了质权,从而引发纠纷。问:丙有权主张质权吗?

【解析】 案例3-5中,丙有权主张质权。因为动产质押的出质人以其合法占有的动产出质,并将该设备交付给丙,质权自出质人交付质押财产时设立。由于丙是善意的,不知道甲、乙共有该机

农村实用经济法规解读

械设备,不存在过错。在这种情况下,法律保护善意质权人的权利。

二、权利质押

权利质押是指出质人以提供的财产权利作为债权的担保。出质人和质权人应当订立书面合同。债务人或者第三人有权处分的下列权利可以出质。

①汇票、支票、本票、债券、存款单、仓单、提单。质权自权利凭证交付质权人时设立;没有权利凭证的,质权自有关部门办理出质登记时设立。

②可以转让的基金份额、股权。以基金份额、证券登记结算机构登记的股权出质的,质权自证券登记结算机构办理出质登记时设立;以其他股权出质的,质权自工商行政管理部门办理出质登记时设立。

③可以转让的注册商标专用权、专利权、著作权等知识产权中的财产权。质权自有关主管部门办理出质登记时设立。

④应收账款。质权自信贷征信机构办理出质登记时设立。

第五节 留置与定金

一、留 置

(一)留置概述

留置是指债权人按照合同的约定依法占有债务人的动产,债务人不按照合同约定的期限履行债务的,债权人有权依法留置该财产,以该财产折价或者以拍卖、变卖该财产的价款优先受偿。债权人为留置权人,占有的动产为留置财产。

例如,保管合同、运输合同、加工承揽合同中发生的债权,当债务人不履行债务时,债权人依法享有留置权。

第三章 担保法律制度

【案例3-6】 甲将自己的汽车交给乙修理部修理,修理完成后,甲一直没有支付修理费。后来,甲将一台电视放在乙修理部,委托乙修理部保管。问:乙修理部可以留置该电视机,向甲索要汽车修理费吗?

【解析】 由于修理汽车与保管电视机不属于同一合同关系,因此不能主张留置电视机。但是,乙修理部可以主张留置汽车,向甲索要汽车修理费。

(二)留置权人的权利和义务

留置权人的权利主要包括:①留置权人有权收取留置财产的孳息;②同一动产上已设立抵押权或者质权,该动产又被留置的,留置权人优先受偿。

留置权人的义务主要包括:①法律规定或者当事人约定不得留置的动产,不得留置;②留置权人负有妥善保管留置财产的义务;③留置财产为可分物的,留置财产的价值应当相当于债务的金额。

(三)留置权的实现

留置权人与债务人应当约定留置财产后的债务履行期间;没有约定或者约定不明确的,留置权人应当给债务人2个月以上履行债务的期间,但鲜活易腐等不易保管的动产除外。债务人逾期未履行的,留置权人可以与债务人协议以留置财产折价,也可以就拍卖、变卖留置财产所得的价款优先受偿。

【案例3-7】 2012年5月,黄某向王某借款60万元,杨某出具书面承诺:自愿以自有汽车作抵押,担保黄某的借款本息全部归还到位。2013年5月,借款到期,黄某只偿还了王某本金3万元及部分利息。为了保证债权的履行,王某于2013年10月找杨某催讨借款,杨某同意将其汽车变卖用于还款,但是该汽车目前在甲汽修部,原来2个月前,杨某驾驶该汽车过程中发生损坏,送甲汽修部修理完以后,修理费高达1万元,甲汽修部多次催杨某付款提车,但杨某无力支付,汽车被甲汽修部留置,2个月的债务履行期已经届满。次日,王某向甲汽修部追讨汽车,主张抵押权。但是甲汽修部拒不交付汽车,主张行使留置权。问:王某、甲汽修部谁该先行使权利?

【解析】 本案中,甲汽修部该先行使权利。因为同一动产上已设立抵押权或者质权,该动产又被留置的,留置权人优先受偿。甲汽修部可以与债务人协议以留置财产折价,也可以就拍卖、变卖留置财产所得的价款优先受偿。剩余的部分,王某可以受偿。

二、定 金

定金是指在合同订立时或者债务履行之前,当事人通过支付一定数额金钱的行为设定的担保。定金应当以书面形式约定,定金的数额由当事人约定,但不得超过主合同标的额的20%。当事人在定金合同中应当约定交付定金的期限,定金合同从实际交付定金之日起生效。

一般情况下,债务人履行债务后,定金应当抵作价款或者收回。如果给付定金的一方不履行约定的债务的,无权要求返还定金;收受定金的一方不履行约定的债务的,应当双倍返还定金。

第四章 合同法

第一节 合同法概述

一、合同与合同法

(一)合同的概念

合同也称契约,《中华人民共和国合同法》(以下简称《合同法》)规定,合同是平等主体的自然人、法人、其他组织之间设立、变更、终止民事权利、义务关系的协议。有关婚姻、收养、监护等身份关系的协议不受合同法的调整。

(二)合同法的立法概况

合同法是调整平等主体间合同关系的法律规范的总称,有广义和狭义之分。广义的合同法是指调整合同法律关系的法律规范的总称,主要包括《合同法》及最高人民法院关于适用《合同法》的司法解释、国务院及有关部门和各省、直辖市、自治区人民政府颁布的实施该法的行政法规。狭义的合同法专指1999年3月15日九届人大二次会议通过的《合同法》。

二、合同的分类

合同可以按不同标准划分为若干种类。

(一)有名合同和无名合同

根据法律对合同有无特别规定,区分为有名合同和无名合同。

农村实用经济法规解读

有名合同又称典型合同,是指由法律做了规定并赋予了特定名称的合同。无名合同又称非典型合同,是指法律上尚未确定一定的名称与规则的合同。这类合同在适用法律时可以按有关合同的一般规定执行。

《合同法》规定了15种有名合同:买卖合同、供用电、水、气、热力合同、赠与合同、借款合同、租赁合同、融资租赁合同、承揽合同、建设工程合同、运输合同、技术合同、保管合同、仓储合同、委托合同、行纪合同、居间合同。

(二)要式合同和不要式合同

根据合同订立时是否必须采用特定的形式或履行一定的程序而划分为要式合同和不要式合同。要式合同,是指法律规定必须具备一定形式和履行一定手续的合同;反之,则为不要式合同。例如,抵押合同,法律要求采用书面形式,属于要式合同。

(三)诺成合同和实践合同

根据合同成立是否交付标的物划分为诺成合同和实践合同。诺成合同是指双方当事人意思表示一致达成合意,则立即成立的合同。例如,买卖合同。

实践合同是指双方当事人达成合意之后,还须实际交付标的物或完成其他给付才能成立的合同。例如,保管合同、自然人之间的借款合同、定金合同。

(四)主合同和从合同

根据合同是否能够独立存在,划分为主合同和从合同。凡是以其他合同的存在为前提,自身不能独立存在的合同,称为从合同。被依附的合同为主合同。例如,借款合同是主合同,作为债的担保的抵押合同是从合同。

(五)双务合同和单务合同

根据合同当事人双方是否相互承担义务,划分为双务合同和

第四章 合同法

单务合同。双务合同是指当事人双方互负对待给付义务的合同,即一方当事人所享有的权利即为他方当事人所负担的义务。例如,运输合同。单务合同指仅一方当事人承担给付义务的合同。例如,赠与合同。

三、《合同法》的基本原则

《合同法》的基本原则是制定、执行、解释合同法的最高准则,主要包括以下原则。

(一)平等原则

平等原则是指地位平等的合同当事人,在权利义务对等的基础上,经充分协商达成一致,以实现互利互惠的经济利益目的的原则。

(二)自愿原则

自愿原则是指当事人依法享有自愿订立合同的权利,任何单位和个人不得非法干预。具体而言,自愿原则包含了当事人的选择自由,如缔结合同的自由、选择对方当事人的自由、变更和解除合同的自由、选择争议解决方式的自由等。总之,只要不违背法律、行政法规强制性的规定,合同当事人就有权自愿决定。

(三)公平原则

公平原则要求合同双方当事人之间的权利义务要公平合理,强调一方给付与对方给付之间的等值性,合同上的风险合理分配。

(四)诚实信用原则

诚实信用原则要求当事人在订立、履行合同,以及合同终止后的全过程中,都要诚实、讲信用、相互协作。

(五)合法原则

合法原则亦称公序良俗原则,是指当事人的民事活动应当遵守法律、行政法规,遵守公共秩序与善良风俗,尊重社会公德,不能扰乱社会经济秩序,损害社会公共利益。

农村实用经济法规解读

第二节 合同的成立

一、合同当事人

合同当事人是指依法签订合同并在合同条件下履行约定义务和行使约定权利的人。合同的当事人包括自然人(公民)、法人和其他组织。

《合同法》规定,当事人订立合同,应当具有相应的民事权利能力和民事行为能力。当事人依法可以委托代理人订立合同。也就是说,合同当事人应当具有缔结合同的相应能力。

(一)自然人

根据《民法通则》规定,公民的民事行为能力分为3类,即完全民事行为能力、限制民事行为能力和无民事行为能力。一般认为,具有完全民事行为能力的人可以成为合同的当事人,限制民事行为能力人、无民事行为能力人在法律有特别规定的情况下可以成为合同的当事人,一般应当由其法定代理人代理订立合同。

(二)法人和其他组织

法人和其他组织只要依法成立就具有订立合同的能力。订立合同的行为应当和核准登记的经营范围相一致。如果当事人超越经营范围订立合同,人民法院不因此认定合同无效。但违反国家限制经营、特许经营以及法律、行政法规禁止经营规定的除外。

二、合同一般应具备的条款

合同的内容就是指合同的条款,是当事人双方权利和义务的具体体现。合同内容应当具体明确,否则就会由于条款争议而影响合同的履行,进而影响当事人各方权利的实现。合同的内容由当事人双方约定,一般包括以下条款。

第四章 合同法

(一)当事人的名称或者姓名和住所

当事人的名称或者姓名和住所,是合同当事人的自然状况。写明当事人的名称或姓名,使合同有明确的当事人。写明其住所,一方面便于合同的履行,另一方面在发生争议时确定诉讼的管辖。

(二)标 的

标的即合同当事人权利和义务共同指向的对象。合同的标的包括物、行为和智力成果。虽然作为合同标的的行为、智力成果是无形的,但都以有形的产品或技术作为载体。因此,合同的标的条款必然清楚地写明其名称,使其特定化、规范化。

(三)数量和质量

数量和质量条款是标的的具体化,是衡量合同是否依约定履行的主要标准之一,是支付或取得价款或酬金的主要依据。标的数量条款,要求数字、计量单位和计量方法清楚、准确,要符合相关法律的规定。对于双方协议使用的计量单位,要求概念一致。标的质量条款,有国家标准、行业标准的应当按国家、行业标准签订;没有国家标准、行业标准的,按通常标准或协议质量标准签订。

为便于产品质量验收,在可能的情况下,双方要选好样品由双方共同封签,妥善保存,作为验收的依据。合同中写明产品质量检验和验收的方法。

(四)价款或酬金

价款或酬金是取得标的物的一方向对方支付的代价。价款或酬金条款要符合《价格法》的有关规定。为实现支付,合同条款中应具备有关银行结算和支付方法的条款。

(五)履行期限、地点、方式

履行期限是当事人履行合同义务的时间界限,是确定合同当事人是按期履行或延期履行的标准。履行期限要准确、清楚,不要用含混不清的概念。履行地点,是当事人按合同规定履行义务的场所。应当写明详细的地址。履行方式,是当事人完成合同规定义务的方法。如买卖合同中,产品交付的方法,是自提还是送货,还是代办托送等。支付价款的方法,是一次结算还是分次结算等。

(六)违约责任

违约责任条款,是处理合同纠纷,保护合同当事人合法权利的重要依据。

(七)解决争议的方法

解决争议的方法有两类,一类是诉讼解决,即由人民法院审理;另一类是仲裁解决,即由仲裁机构解决纠纷。当事人在合同中约定仲裁条款或事后达成仲裁协议的,应按约定予以仲裁解决,不能向法院起诉。当事人在合同中未约定仲裁条款或事后未达成仲裁协议的,只能按民事诉讼法的规定向人民法院起诉。

(八)其他条款

除上述条款外,当事人双方协商确定的内容,如担保条款、合同生效条款、合同解除条款等。

三、格式条款

格式条款是当事人为了重复使用而预先拟定并在订立合同时未与对方协商的条款。例如,火车站出售的火车票就是格式条款。采用格式条款可以减少对相对固定的合同内容一次一议的麻烦,进而降低交易成本。但是,由于它是由一方当事人预先拟定的,有可能损害他方的权利。因此,法律对格式条款的订立、争议和解释都做了特殊的规定。

(一)格式条款提供方的义务

提供格式条款的一方应当遵循公平原则确定当事人之间的权利和义务;应当采取合理的方式提请对方注意免除或限制其责任

第四章 合同法

的条款;按照对方的要求对提示条款予以说明。

(二)格式条款的无效

格式条款具备下列情形之一时无效:一方以欺诈、胁迫的手段订立合同,损害国家利益的;恶意串通,损害国家、集体或第三人利益的;以合法形式掩盖非法目的的;损害社会公共利益的;违反法律、行政法规的强制性规定的。

免责条款是指当事人约定的用以免除或限制其未来合同责任的条款。格式条款中的下列免责条款无效:造成对方人身伤害的;因故意或者重大过失给对方造成财产损失的。格式条款提供方免除其责任、加重对方责任、排除对方主要权利的条款无效。

【案例 4-1】 甲洗衣店将乙送来干洗的西服丢失,乙要求甲洗衣店按照西服的市场价赔偿,甲洗衣店以取衣单背面印有"如将顾客衣服丢失,只按洗染费的 2 倍赔偿"的条款为由拒绝照价赔偿。问:甲可以按照洗染费的 2 倍赔偿乙吗?

【解析】 本案中,取衣单背面印有的条款为格式条款,洗衣店因存在重大过失给对方造成财产损失的情况下,利用该条款减轻其责任是无效的,因此甲应当按照衣物的实际价值赔偿。

(三)格式条款的解释

对格式条款的理解发生争议的,应当按照通常理解予以解释,所谓通常理解就是应当按照合同所使用的词句、合同有关条款、合同目的、交易习惯以及诚实信用原则,确定其真实意思。对格式条款有两种以上解释的,应当做出不利于提供格式条款一方的解释。格式条款与非格式条款不一致的,应当采用非格式条款。

【案例 4-2】 2009 年元旦,郑州市某大型商场搞节日促销活动,宣布:"凡在本商场购买 100 元商品返 80 元购物券,多买多送,购物券与现金可同等使用;对因促销活动产生的纠纷,本商场有最终解释权。"陈女士在促销活动中购买了 1 000 余元的商品,拿到

农村实用经济法规解读

了商场返给的800元的购物券。她持券去买一双自己中意的皮鞋时,却被告知该专柜的商品不参与商场的促销活动,只能用现金购买。陈女士遂找商场理论,却被商场以其具有"最终解释权"给打发。后双方协商未果,陈女士将商场告上法庭。问:商场能否享有最终解释权?

【解析】 从合同解释理论上看,对合同的理解不等于对合同的解释,更不等于对合同享有解释权。合同的解释是指根据有关的事实,按照一定的原则和方法,对合同的内容所做的说明。无论是顾客还是商场,他们所提供的"解释"实质上只是当事人对合同的理解,而非具有法律效力的解释。这项权利只能由司法机关依法享有,而不能由当事人约定产生。

如果承认商场单方提供的规定由商场享有合同的最终解释权的格式条款有效,则意味着一旦双方对格式条款的理解发生争议,应以商场单方的解释为准。这明显违反了《合同法》第41条的强制性规定,对格式条款的理解发生争议的,应当按照通常理解予以解释。对格式条款有两种以上解释的,应当做出不利于提供格式条款一方的解释。因此,应认定该格式条款无效,商场不能享有最终解释权。

四、合同的形式

(一)口头形式

口头形式就是当事人用谈话方式所订立的合同。口头形式简便易行,但是由于合同内容没有文字记载,如果履行合同时发生争议,难于举证,则不利于当事人权利的保护。

(二)书面形式

书面形式是指以文字方式表现当事人所订合同内容的形式。书面形式的表现形态有合同书、信件和数据电文(包括电报、电传、传真、电子数据交换和电子邮件)等可以有形地表现所载合同内容的形式。法律、行政法规规定采用书面形式的,应当采用书面形式。当事人约定采用书面形式的,应当采用书面形式。

(三)其他形式

其他形式是指采用除书面、口头形式以外的方式来表现合同内容的形式,包括推定形式和默示形式。前者是指当事人并不直接用书面或口头方式进行意思表示,而是通过实施某种行为进行意思表示。

五、合同的订立过程

当事人订立合同,包括要约和承诺2个阶段。法律上一般将一方提出订约提议的行为称为要约,将另一方最后表示同意的行为称为承诺。一般情况下,承诺生效时合同成立。

(一)要 约

1. 要约的概念及成立条件 要约是希望和他人订立合同的意思表示。发出要约的人称为"要约人",接收要约的人称为"受要约人"。要约成立须具备以下要件:①要约是特定合同当事人的意思表示;②要约内容具体确定,如买卖合同一般应具备标的、数量、价格3个要素;③要约必须表明被接受时承受约束的意思。

【案例4-3】 A市糖厂向B市农场发出一封电传:欲购买农场1吨甘蔗,价钱按去年购买该农场甘蔗的价格计算,如果同意,请于5日内回复。问:该电传是否属于要约?

某商店中标明一块手表的价格为1600元。问:该行为是否属于要约?

【解析】 这两项均属于要约,满足要约成立须具备的3个要件。

2. 要约邀请 要约邀请是希望他人向自己发出要约的意思表示。《合同法》第15条规定,寄送的价目表、拍卖公告、招标公告、招股说明书、商业广告等为要约邀请。

农村实用经济法规解读

广告是否构成要约?广告分为2类,一类是悬赏广告,另一类是商业广告。前者是广告人以广告的方式声明,对于完成一定行为的人,将给予一定的报酬。因为内容明确、肯定,一般视为要约。商业广告一般不是要约,但是如果内容明确、肯定,也视为要约。

【案例4-4】 甲公司通过电视发布广告,称其有200辆某型号汽车,每辆价格10万元,广告有效期10天。问:该广告是否属于要约邀请?

【解析】 由于广告的内容明确、肯定,因此属于要约。

3. 要约生效的时间 要约到达受要约人时生效。具体内容包括:①口头形式的要约,对方了解要约内容时生效;②以书面形成发出的要约,要约送达到受要约人所能控制的地方时生效;③采用数据电文形式订立合同,收件人指定特定系统接收数据电文的,该数据电文进入该特定系统的时间,视为到达时间;未指定特定系统的,该数据电文进入收件人的任何系统的首次时间,视为到达时间。

4. 要约的撤回和撤销 要约撤回,是指要约人发出要约但要约还未到达或刚刚到达受要约人时又收回其要约。要约可以撤回,但撤回要约的通知应当在要约到达受要约人之前或者与要约同时到达受要约人。

要约撤销,是指要约人在发出的要约到达受要约人之后,受要约人发出承诺通知之前收回其要约。要约可以撤销。撤销要约的通知应当在受要约人发出承诺通知之前到达受要约人。但有下列情形之一的,要约不得撤销:①要约人确定了承诺期限或者以其他形式明示要约不可撤销;②受要约人有理由认为要约是不可撤销的,并已经为履行合同做了准备工作。

【案例4-5】 A工程承包公司于5月3日向B建材商发出电传:欲购买10万吨钢材,并声明对方的报价是为了计算承包大楼标价和确定是否参加工程之用。A必须于5月5日向招标人送交

第四章 合同法

投标书,而开标日期为5月31日。

5月5日B向A发电传:10万吨钢材,每吨4 000元。A据以计算标价,于5月15日向招标人投标。5月20日B因市场钢材涨价,向A发电传:撤销5月5日的报价,10万吨钢材,每吨4 600元。双方为能否撤销产生争议。5月31日招标人开标,A中标,遂即电传通知B:A接受5月5日报价。但B坚持5月20日的撤销。

问:B能否撤销5月5日的报价?

【解析】 B不能撤销5月5日的报价。因为A工程承包公司于5月3日已经告诉B建材商,报价是为了计算承包大楼标价和确定是否参加工程之用。5月5日B向A发的电传是要约,受要约人有理由认为要约是不会撤销的,所以A据以计算标价,于5月15日向招标人投标。这一行为视为"已经为履行合同做了准备工作。"所以,5月5日的要约是不得撤销的。

5. 要约的失效 要约失效是指要约的法律约束力消灭。要约失效后,受要约人丧失做出承诺的权利,要约人不再承担与受要约人订立合同的义务。

要约有下列情形之一的失效:拒绝要约的通知到达要约人;要约人依法撤销要约;承诺期限届满,受要约人未做出承诺;受要约人对要约的内容做出实质性变更。所谓实质性变更,是指有关合同标的、数量、质量、价款或报酬、履行期限、履行地点和方式、违约责任和解决争议方法等的变更。

(二)承 诺

1. 承诺的概念和成立条件 承诺是指受要约人同意接受要约的全部条件以缔结合同的意思表示。受要约人在承诺后成为承诺人。其法律效力在于,一经承诺,合同即告成立。

有效承诺应当同时具备以下条件。

第一,承诺须由受要约人或其授权代理人做出。

第二,承诺应当以通知的方式做出,但根据交易习惯或者要约

农村实用经济法规解读

表明可以通过行为做出承诺的除外。

第三,承诺的内容须与要约的内容要一致。对要约内容做出实质性变更的,称为新要约。对要约的内容做出非实质性变更的,除要约人及时表示反对或要约表明承诺不得对要约的内容做出任何变更的以外,该承诺有效,合同的内容以承诺的内容为准。

第四,承诺应当在要约确定的期限内到达要约人。要约没有确定承诺期限的,承诺按下列规定到达:要约以对话方式做出的,应当即时做出承诺,但当事人另有约定的除外;要约以非对话方式做出的,承诺应在合理期限内到达。

2. 承诺期限的起算 要约以信件或者电报做出的,承诺期限自信件载明的日期或者电报交发之日开始计算。信件未载明日期的,自投寄该信件的邮戳日期开始计算。要约以电话、传真等快速通讯方式做出的,承诺期限自要约到达受要约人时开始计算。

3. 承诺生效的时间 承诺通知到达要约人时即生效。承诺不需要通知的,根据交易习惯或者要约的要求做出承诺行为时生效。采用数据电文形式订立合同的,承诺到达的时间适用要约到达时间的规定。承诺可以撤回。

【案例4-6】 甲公司7月1日通过报纸发布广告,称其有某型号的冰箱出售,每台售价8000元,随到随购,数量不限,广告有效期至7月30日。乙公司委托王某携带金额16万元的支票于7月28日到甲公司购买冰箱,但甲公司称广告所述冰箱已全部售完。

问:甲乙之间的合同是否成立?

【解析】 甲乙之间的合同成立。甲公司7月1日通过报纸发布的广告内容具体,构成要约,承诺期限为7月30日前。乙公司委托王某携带金额16万元的支票于7月28日到甲公司购买冰箱的行为构成承诺,承诺生效,合同成立。

逾期承诺,即受要约人超过承诺期限发出承诺的,除要约人及时通知受要约人该承诺有效的以外,即为新要约。

第四章 合同法

承诺迟延,即受要约人在承诺期限内发出承诺,按照通常情形能够及时到达要约人,但因其他原因承诺到达要约人时超过承诺期限的,除要约人及时通知受要约人因承诺超过期限不接受该承诺的以外,该承诺有效。

六、合同成立的时间和地点

(一)合同成立的时间

具体有以下几种情况。

①口头合同,承诺之时为合同成立之时。

②当事人采用合同书形式订立合同的,自双方当事人签字或者盖章时合同成立。如果当事人未签字或者盖章,当事人一方已经履行主要义务,对方接受的,该合同成立。

③当事人采用信件、数据电文形式订立合同的,承诺生效之时合同成立。采用该方式订立合同的,当事人可以在合同成立之前要求签订确认书,签订确认书时合同成立。确认书是指记载达成协议的各项条款的文书。签订确认书的目的是为了可靠地证明通过信函达成的合同的条款,使其更明确。

【案例4-7】 4月30日,甲用手机向乙发出短信:欲购买20台洗衣机,每台1500元。乙于当日回短信表示同意。但由于"五一"期间短信系统繁忙,甲于5月3日才收到乙的短信,并因个人原因于5月8日才阅读乙的短信,后于9日回复乙"短信收到"。

问:甲乙之间买卖合同的成立时间是哪一天?

【解析】 因为双方采用数据电文形式订立合同,承诺生效之时合同成立。承诺通知到达要约人时即生效。案例中,甲于5月3日收到乙的短信,视为到达。所以,甲乙之间买卖合同的成立时间是5月3日。

(二)合同成立的地点

承诺生效的地点为合同成立的地点。具体包括以下几种情况。

①采用数据电文形式订立合同的,收件人的主营业地为合同成立的地点;没有主营业地,其经常居住地为合同成立的地点。当事人另有约定的除外。

②当事人采用合同书形式订立合同的,当事人签字或者盖章的地点即为合同成立的地点。

第三节　合同的效力

合同的效力是指法律赋予依法成立的合同具有拘束当事人各方乃至第三人的强制力。

一、合同的生效

合同生效一般应具备3个要件:行为人具有相应的民事行为能力;意思表示真实;不违反法律、行政法规的强制性规定。依法成立的合同自成立时生效。法律、行政法规规定应当办理批准、登记等手续生效的,依照其规定。

附条件合同是指在合同中约定一定条件,把条件的成就作为合同效力产生或合同终止的根据。附生效条件合同,自条件成就时生效。

附期限合同是指在合同中约定一定期限,将期限到来时作为合同生效或终止的根据。附生效期限的合同,自期限届至时生效。

二、无效合同

合同如果欠缺合同生效的一般要件,会导致3种后果,即无效合同、可变更可撤销合同和效力待定合同。无效合同是指欠缺合同生效要件,在法律上确定的不发生法律效力的合同。其不发生法律效力,是指不发生该合同当事人所追求的法律效果,而不是指不发生任何法律效果。

第四章 合同法

(一)合同无效的情形

有下列情形之一的,合同无效:①一方以欺诈、胁迫的手段订立合同,损害国家利益;②恶意串通,损害国家、集体或第三人利益;③以合法形式掩盖非法目的;④损害社会公共利益;⑤违反法律、行政法规的强制性规定。

【案例4-8】 张某是A化肥厂厂长,该厂有一批已经失效的化肥,为避免损失决定请B乡镇企业收购。此时,B乡镇企业经理李某即将被任命为某局局长,因张某掌握了李某受贿的证据,李某为了避免自己的丑行被暴露,只好答应购买。而李某为了转嫁损失,通过企业的销售渠道,将化肥全部卖给了农民,致使农民遭受了重大损失。

问:A与B之间的合同、B与农民之间的合同是否有效?

【解析】 本案中,A与B之间的合同是李某在受胁迫的情况下签订的,但是损害的不是国家利益,所以不是无效合同,属于可变更、可撤销合同。由于B卖失效的化肥,损害了社会公共利益,因此B与农民之间的合同是无效合同。

【案例4-9】 甲商贸公司与俄罗斯商人乙签订一份购买松木的合同,乙把每根松木的中间掏空,装上海洛因,松木两端封好。海洛因在海关被查获。

问:甲乙之间的松木合同是否有效?

【解析】 本案中,甲乙之间的松木合同是典型的以合法形式掩盖非法目的的合同,因此合同无效。

(二)免责条款无效的情形

合同中的免责条款是双方当事人在合同中约定的,为免除或限制一方或者双方当事人未来责任的条款。免责条款必须以明示方式做出,不允许以默示方式做出。合同中的下列免责条款无效:造成对方人身伤害的;因故意或者重大过失给对方造成财产损失的。

【案例 4-10】 某日下大雪,李某因进城做生意拦到一辆出租车,该车已经挂出"停止运营"的标志。在李某再三请求下,出租车司机张某同意运营,并提出因路面难行,如有意外概不负责并加倍收费。李某同意。车行至 4 公里处,因路面极滑,该车撞到路边树上,导致李某头部受伤,为此李某花去医药费 3 000 元,李某要求司机张某赔偿损失,张某以事先有口头约定为由拒绝。

问:张某是否可以拒赔?

【解析】 本案中,出租车司机张某提出的,因路面难行,如有意外概不负责并加倍收费的要求。虽然李某同意,但是该条款属于营运过程中造成对方人身伤害,免除责任的无效条款。所以,张某应该赔偿李某,免责条款无效。

三、可变更、可撤销合同

(一)可变更、可撤销合同概述

可变更、可撤销合同是指因意思表示不真实,一方当事人可依照自己的意思使合同的内容变更或者使已经生效的意思表示归于无效的合同。它具有以下特点:在未被撤销前,是有效的合同;一般是意思表示不真实的合同;撤销权人通过行使撤销权来实现合同的撤销;被撤销的合同自始没有法律约束力。

导致合同可变更、可撤销的原因有:①因重大误解订立的合同;②在订立合同时显失公平的,显失公平的合同是一方在紧迫或缺乏经验的情况下而订立的明显对自己有重大不利的合同;③一方以欺诈、胁迫的手段或者乘人之危,使对方在违背真实意思的情况下订立的合同。

【案例 4-11】 某商场新到一批尼康相机,价格每台 4 500 元,售货员在制作价格标牌时,误将 4 500 元标成 450 元。某日,张某逛商场,发现这台相机很便宜,所以买了 2 台。后来售货员到仓库提货才发现价格错了。于是派人找到张某要求退货,但是张某拒

第四章 合同法

退。问:该买卖合同属于什么性质?

【解析】 本案中,张某和商场之间的合同,属于因重大误解订立的合同。

【案例4-12】 张某在南昌市一家木材加工厂打工。一天张某在厂车间的机器旁边锯木材,不慎被机器将手轧伤,后在医院治疗。治疗结束时,工厂老板杨某和张某签了一份合同,大致内容为:张某住院期间的医疗费、营养费等已由杨某全部承担,杨某再一次性赔偿张某2 500元钱,今后此事就与杨某没有关系了。张某看了协议之后,表示还算满意,于是就在协议上签了字。后来张某的手伤复发,再次到医院治疗,并做了法医鉴定,结果为六级伤残。但杨某不肯再增加任何赔偿,于是张某将杨某告上了法庭。

问:杨某是否应该增加赔偿?

【解析】 构成显失公平的合同需要具备以下条件:①须有主观故意,即一方当事人有利用自己的优势或者对方没有经验,致使双方的权利和义务明显违反公平、等价有偿原则的故意;②须属有偿行为,即显失公平只适用于有偿合同,对于无偿合同由于不存在对价,也就不存在双方利益不平衡、不公平的问题;③显失公平在订立合同时已经存在,即按照订立合同时的情况,双方权利与义务明显不公平;④合同内容严重违背公平原则,双方当事人的权利义务严重不对等,经济利益极其不平衡。本案中,虽然双方就赔偿事宜已达成协议,但该协议显失公平,因此张某反悔后可以向法院要求对原赔偿协议进行变更。

(二)撤销权的行使和消灭

撤销权人有权向人民法院或者仲裁机构申请变更或者撤销合同。

有下列情形之一的,撤销权消灭:①具有撤销权的当事人自知道或者应当知道撤销事由之日起1年内没有行使撤销权;②具有撤销权的当事人知道撤销事由后明确表示或者以自己的行为放弃撤销权。

四、效力待定合同

效力待定合同是指欠缺有效要件,其效力处于不确定状态的合同。效力待定合同经过有权人的追认,才能发生当事人预期的法律效力;有权人在一定期间内不予追认,合同就归于无效。效力待定合同主要有以下3类。

(一)限制民事行为能力人订立的合同

限制民事行为能力人订立的合同,经法定代理人追认后,该合同有效,但纯获利益的合同或者与其年龄、智力、精神健康状况相适应而订立的合同,不必经法定代理人追认。

相对人可以催告法定代理人在1个月内予以追认。法定代理人未做表示的,视为拒绝追认。合同未经追认之前,善意相对人有撤销的权利。撤销应当以通知的方式做出。

法定代理人以行动自愿履行合同的行为也视为追认。法定代理人的追认必须是无条件的,不得附加任何条件,除非合同相对人同意。

【案例4-13】 某中学生15周岁,由于喜欢网络游戏,在某网吧输掉了3 000元。他偷偷地把家里的邮票和金币拿出去卖,卖的钱用于还债,后来被家长发现。由于邮票和金币的交易价格低于实际价值很多,家长找到票贩子要求返还邮票和金币。票贩子认为这是正常交易,不同意返还。

问:票贩子该不该返还邮票和金币?

【解析】 某中学生属于限制民事行为能力人,邮票和金币的买卖超出了他的认识能力,他与票贩子之间的买卖合同是效力待定合同。家长是法定代理人,票贩子是相对人,该效力待定合同只有经家长追认才有效。案例中,家长拒绝追认所以合同无效,票贩子应该返还邮票和金币。

（二）无权代理合同

无权代理指无代理权的人代理他人从事民事行为。无权代理产生的合同对于被代理人而言属于效力待定合同，但是构成表见代理的则除外。

行为人没有代理权，超越代理权或者代理权终止后以被代理人名义订立的合同，未经被代理人追认，对被代理人不发生效力，由行为人承担责任。相对人可以催告被代理人在1个月内予以追认，被代理人未做表示的，视为拒绝追认。合同被追认之前，善意相对人有撤销的权利。撤销应当以通知的方式做出。

【案例4-14】 某年7月5日，甲授权乙以甲的名义将甲的一台笔记本电脑出售，价格不得低于8 000元。乙的好友丙欲以6 000元的价格购买。乙遂对丙说："大家都是好朋友，甲说最低要8 000元，但我想6 000元卖给你，他肯定也会同意的。"乙遂以甲的名义以6 000元的价格将笔记本电脑卖给了丙。

问：丙购买后反悔了，能否撤销该合同？

【解析】 丙不能撤销买卖合同。因为乙代理甲和丙签订的买卖合同属于无权代理合同，丙属于相对人，在合同被追认之前，善意相对人有撤销的权利，但是丙明知乙超越代理权限仍然签订合同，所以丙不是善意相对人。

（三）无处分权行为

无处分权行为指无处分权人处分他人财产权利的行为。法律上的处分包括财产的出让、赠与及在财产上设定抵押等行为。无处分权行为如果经权利人追认或者无处分权的人订立合同后取得处分权的，该合同有效；否则，合同无效，无处分权人应当承担缔约过失责任。

五、合同无效或被撤销的法律后果

合同无效或被撤销的，自始没有法律约束力。合同部分无效，

农村实用经济法规解读

不影响其他部分效力的,其他部分仍然有效。合同中独立存在的有关解决争议方法的条款仍具有法律效力。

相关财产纠纷的处理方式主要有以下几种。

(一)返还财产

合同无效或被撤销后,因该合同取得的财产,应当予以返还,使当事人的财产关系恢复到合同订立前的状态。不能返还或没有必要返还的,应当折价补偿。

(二)赔偿损失

合同无效或被撤销后,有过错的一方应当赔偿对方因此所受到的损失,双方都有过错的,应当各自承担相应的责任。

(三)追缴财产

当事人恶意串通,损害国家、集体或第三人利益的,因此取得的财产收归国家所有或者返还集体、第三人。

第四节 合同的履行

一、合同履行概述

合同履行是合同当事人按照合同约定完成合同义务的行为。当事人在履行合同过程中应当遵循以下原则。

(一)全面履行原则

全面履行原则是指当事人应按照合同约定的标的、数量、质量,由适当的主体在适当的履行期限、履行地点,以适当的履行方式,全面履行合同义务的原则。

(二)协作履行原则

协作履行原则是指合同双方当事人不仅应各自履行自己的义务,而且应尽力协助对方履行义务。例如,当事人应根据合同的性

第四章 合同法

质、目的和交易习惯履行通知、协助、保密等义务。

二、合同履行规则

(一)合同约定不明确时的履行规则

根据《合同法》第61条规定,合同生效后,当事人就质量、价款或者报酬、履行地点等内容没有约定或者约定不明确的,应按下列规则履行。

首先,当事人协议补充;其次,不能达成补充协议的,按照合同有关条款或交易习惯确定;再次,仍不能确定的,适用《合同法》第62条的规定:

①质量要求不明确的,按照国家标准、行业标准履行;没有国家标准、行业标准的,按照通常标准或符合合同目的的特定标准履行。

②价款或者报酬不明确的,按照订立合同时履行地的市场价格履行;依法应当执行政府定价或者政府指导价的,按照规定履行。

③履行地点不明确的,给付货币的,在接受一方所在地履行;交付不动产的,在不动产所在地履行;其他标的,在履行义务一方所在地履行。

④履行期限不明确的,债务人可以随时履行,债权人也可以随时要求履行,但应当给对方必要的准备时间。

⑤履行方式不明确的,按照有利于实现合同目的的方式履行。

⑥履行费用的负担不明确的,由履行义务一方负担。

【案例4-15】 A市甲厂因购买B市乙公司的一批钢材与乙公司签订了一份买卖合同,但合同中未约定交货地。问:合同的交货地是哪里?

如果乙公司随后将钢材送至A市甲厂,要求甲厂支付运输费用,甲厂拒绝。问:运费应该由谁承担?

农村实用经济法规解读

(双方就上述纠纷未达成补充协议,按照合同有关条款或者交易习惯也不能确定。)

【解析】 合同的交货地是B市乙公司的所在地,因为履行地点不明确的,其他标的,在履行义务一方所在地履行。履行义务一方是卖方B市乙公司。

运费应该由乙公司承担。因为履行费用的负担不明确的,由履行义务一方负担。履行义务一方是卖方B市乙公司。

(二)价格变动时的履行规则

这项履行规则,仅针对执行政府定价和政府指导价的合同在合同履行中价格发生变化时的处理办法。其内容是,执行政府定价或者政府指导价的,在合同约定的交付期限内遇政府价格调整时,按照交付时的价格计价。逾期交付标的物的,遇价格上涨时,按照原价格执行;价格下降时,按照新价格执行。逾期提取标的物或逾期付款的,遇价格上涨时,按照新价格执行;价格下降时,按照原价格执行。

(三)涉及第三人的履行规则

当事人约定由债务人向第三人履行债务的,债务人未向第三人履行债务或者履行债务不符合约定,应当向债权人承担违约责任。当事人约定由第三人向债权人履行债务的,第三人不履行债务或者履行债务不符合约定,债务人应当向债权人承担违约责任。

涉及第三人的合同在履行中,由于第三人不是合同的当事人,其不能向违约方主张违约责任,合同当事人也不能依据合同内容要求第三人承担违约责任,违约责任只能在合同当事人之间主张。

(四)履行方式变化时的履行规则

债务人提前履行债务时,债权人可以拒绝债务人提前履行债务,但提前履行不损害债权人利益的除外。债务人提前履行债务给债权人增加的费用,由债务人负担。

第四章 合同法

质、目的和交易习惯履行通知、协助、保密等义务。

二、合同履行规则

(一)合同约定不明确时的履行规则

根据《合同法》第61条规定,合同生效后,当事人就质量、价款或者报酬、履行地点等内容没有约定或者约定不明确的,应按下列规则履行。

首先,当事人协议补充;其次,不能达成补充协议的,按照合同有关条款或交易习惯确定;再次,仍不能确定的,适用《合同法》第62条的规定:

①质量要求不明确的,按照国家标准、行业标准履行;没有国家标准、行业标准的,按照通常标准或符合合同目的的特定标准履行。

②价款或者报酬不明确的,按照订立合同时履行地的市场价格履行;依法应当执行政府定价或者政府指导价的,按照规定履行。

③履行地点不明确的,给付货币的,在接受一方所在地履行;交付不动产的,在不动产所在地履行;其他标的,在履行义务一方所在地履行。

④履行期限不明确的,债务人可以随时履行,债权人也可以随时要求履行,但应当给对方必要的准备时间。

⑤履行方式不明确的,按照有利于实现合同目的的方式履行。

⑥履行费用的负担不明确的,由履行义务一方负担。

【案例4-15】 A市甲厂因购买B市乙公司的一批钢材与乙公司签订了一份买卖合同,但合同中未约定交货地。问:合同的交货地是哪里?

如果乙公司随后将钢材送至A市甲厂,要求甲厂支付运输费用,甲厂拒绝。问:运费应该由谁承担?

(双方就上述纠纷未达成补充协议,按照合同有关条款或者交易习惯也不能确定。)

【解析】 合同的交货地是B市乙公司的所在地,因为履行地点不明确的,其他标的,在履行义务一方所在地履行。履行义务一方是卖方B市乙公司。

运费应该由乙公司承担。因为履行费用的负担不明确的,由履行义务一方负担。履行义务一方是卖方B市乙公司。

(二)价格变动时的履行规则

这项履行规则,仅针对执行政府定价和政府指导价的合同在合同履行中价格发生变化时的处理办法。其内容是,执行政府定价或者政府指导价的,在合同约定的交付期限内遇政府价格调整时,按照交付时的价格计价。逾期交付标的物的,遇价格上涨时,按照原价格执行;价格下降时,按照新价格执行。逾期提取标的物或逾期付款的,遇价格上涨时,按照新价格执行;价格下降时,按照原价格执行。

(三)涉及第三人的履行规则

当事人约定由债务人向第三人履行债务的,债务人未向第三人履行债务或者履行债务不符合约定,应当向债权人承担违约责任。当事人约定由第三人向债权人履行债务的,第三人不履行债务或者履行债务不符合约定,债务人应当向债权人承担违约责任。

涉及第三人的合同在履行中,由于第三人不是合同的当事人,其不能向违约方主张违约责任,合同当事人也不能依据合同内容要求第三人承担违约责任,违约责任只能在合同当事人之间主张。

(四)履行方式变化时的履行规则

债务人提前履行债务时,债权人可以拒绝债务人提前履行债务,但提前履行不损害债权人利益的除外。债务人提前履行债务给债权人增加的费用,由债务人负担。

第四章 合同法

债务人部分履行债务时,债权人可以拒绝债务人部分履行债务,但部分履行不损害债权人利益的除外。债务人部分履行债务给债权人增加的费用,由债务人负担。

(五)当事人发生变化时的履行规则

当事人订立合同后合并的,由合并后的法人或其他组织行使合同权利,履行合同义务。当事人订立合同后分立的,除债权人和债务人另有约定的除外,由分立后的法人或者其他组织对合同的权利和义务享有连带债权,承担连带债务。债权人分立、合并或者变更住所的,应当及时通知债务人,使其能顺利履行债务。如果没有履行通知义务,致使履行债务发生困难的,债务人可以中止履行或将标的物提存。

合同生效后,当事人不得因姓名、名称的变更或者法定代表人、负责人、承办人的变动而不履行合同义务。

三、合同履行中的抗辩权

抗辩权是指阻止对方当事人请求权的对抗权。它以对方当事人存在有效的请求权为前提,存在于互负债务的双务合同之中,功能在于通过行使抗辩权使对方的请求权消灭或使其效力延期发生。

(一)同时履行抗辩权

同时履行抗辩权是指在没有规定履行顺序的双务合同中,当事人一方在对方未为对待给付之前,有权拒绝对方请求自己履行合同的权利。

同时履行抗辩权的行使,需具备以下条件:①同一双务合同,双方互负债务;②须当事人双方负有的对待债务没有约定履行顺序;③须对方在履行期限届至时未履行或者未正确履行债务;④对方的对待履行是可能的。

(二)后履行抗辩权

后履行抗辩权是指在双务合同中应当先履行的一方当事人没

农村实用经济法规解读

有履行合同义务或者履行不符合约定的,后履行一方有拒绝履行自己义务的权利。

后履行抗辩权的行使,需具备以下条件:①同一双务合同,双方互负债务;②须当事人双方负有的对待债务有先后履行顺序;③须先履行人在履行期限届至时未履行或者未正确履行债务;④应该先履行的债务有履行的可能。

(三) 不安抗辩权

不安抗辩权是指双务合同中,应当先履行的一方当事人有证据证明对方不能履行义务,或者有不能履行合同义务的可能时,有中止履行自己合同义务的权利。

不安抗辩权的实施步骤如下。

1. 提供确切证据 先履行人有确切证据证明对方有下列情形之一:经营状况严重恶化;转移财产、抽逃资金,以逃避债务;丧失商业信誉;有丧失或者可能丧失履行债务能力的其他情形。

2. 中止履行合同 当事人没有确切证据中止履行的,应当承担违约责任。

3. 及时通知对方 通知对方在合理的期限内恢复履行能力或者提供适当的担保。

4. 恢复履行或者解除合同 对方在合理的期限内恢复履行能力或者提供适当担保的,先履行人应当恢复履行;否则,先履行人可以解除合同。

【案例 4-16】 甲为著名歌唱家,乙为一家演出公司。甲、乙之间签订了一份演出合同,约定甲在乙主办的一场演出中出演一个节目,由乙预先支付给甲劳务费 5 万元。后来,在合同约定支付劳务费的期限到来之前,甲因一场车祸而受伤住院。乙通过向医生询问得知,在演出日之前,甲的身体有康复的可能,但也不排除甲的伤情会恶化,以至于不能参加原定的演出。基于上述情况,乙向甲发出通知,主张暂不支付合同中所约定的劳务费,在 1 个月的时间内,如果甲恢复履行能力,则继续履行。

问:乙的做法是否合法?

【解析】 乙是先履行人,在甲有可能丧失履行能力的情况下,依法主张不安抗辩权,其行为合法。

四、合同的保全

合同的保全是指为防止债务人以积极或者消极方式减少财产从而给债权人造成危害,债权人为保全其债权而依法采取的法律措施。主要包括代位权制度和撤销权制度。合同保全的特征是:均以债务人实施了危害债权的行为为前提,均以切实危及债权安全为必要,须依法定程序采取保全措施,其行使范围应以债权额为限,保全费用由债务人负担。

(一)代位权制度

代位权是指因债务人怠于行使其到期债权,对债权人造成损害的,债权人可以请求人民法院以自己的名义代位行使债务人的债权。

1. 代位权成立的条件 当事人行使代位权应当符合下列条件。

①债权人对债务人的债权合法。

②债务人怠于行使到期债权,对债权人造成损害。这种情况是指债务人不履行其对债权人的到期债务,又不以诉讼方式或者仲裁方式向其债务人(次债务人)主张其享有的具有金钱给付内容的到期债权,致使债权人的到期债权未能实现。

③债务人的债权已到期。

④债务人的债权不是专属于债务人自身的债权。专属于债务人自身的债权是指基于抚养关系、赡养关系、继承关系产生的给付请求权和劳动报酬、退休金、养老金、抚恤金、安置费、人寿保险、人身伤害赔偿请求权等权利。

2. 代位权的行使 代位权人应当向次债务人所在地的人民法院提起代位权诉讼。

(1) 代位权的请求数额 应当以债权人的债权为限,超过债务人所负债务额或超过次债务人所负债务额的,法院不予以支持。债权人行使代位权的必要费用由债务人负担。

(2) 代位权行使的结果 经法院审理代位权成立的,由次债务人向债权人履行清偿义务,债权人与债务人、债务人与次债务人之间相应的债权债务关系即消灭。

【案例4-17】 某信托投资公司与神丰公司于2009年1月签订一份借款合同,约定该投资公司借款300万元给神丰公司,到期日为2009年10月底。直到2010年1月,神丰公司仍未归还借款。经查账,其账上资金只有80万元,不足以还款。调查得知:神丰公司曾借款300万元给畅想公司,约定2009年7月还款,迟迟未还,也未见其催讨。于是投资公司向法院起诉,请求以自己的名义行使神丰公司对畅想公司的债权。

问:投资公司的诉讼请求能否获得支持?

【解析】 债务人(神丰公司)因怠于行使对畅想公司300万元的债权,使债权人(某信托投资公司)的借款不能及时归还,造成损害,因此信托投资公司可以请求人民法院以自己的名义代位行使对神丰公司的债权。

(二)撤销权制度

撤销权是指债权人对债务人实施的以财产为标的,且危害债权人债权实现的行为,可以请求人民法院予以撤销的权利。

1. 撤销权的适用条件 债务人有下列情形之一的,债权人可以行使撤销权:①债务人放弃到期债权或者无偿转让财产,危害债权人债权的;②债务人以明显不合理的低价转让财产,对债权人造成损害,并且受让人知道该情形的;③债务人放弃其未到期的债权或者放弃债权担保,或者恶意延长到期债权的履行期,对债权人造成损害的；④债务人以明显不合理的高价收购他人财产的。

可见，债权人撤销权的行使应区别不同情况来确定：如果债务人的行为是无偿的，则可直接享有撤销权；如果债务人的行为是有偿的，且受让人为善意，则不能享有撤销权。

2. 撤销权的行使　撤销权人应当向债务人所在地的人民法院提起撤销权诉讼。

(1) 撤销权的请求数额　以债权人的债权为限，包括主债权及其利息、违约金、赔偿金。债权人行使撤销权的必要费用由债务人负担。

(2) 撤销权行使的时效　撤销权自债权人知道或者应当知道撤销事由之日起1年内行使。自债务人的行为发生之日起5年内没有行使撤销权的，该撤销权消灭。

第五节　合同的变更、转让和终止

一、合同的变更

合同的变更是指合同成立后，尚未履行或尚未完全履行之前，合同当事人保持不变而合同内容发生变化的现象。

合同当事人协商一致，可以变更合同。法律、行政法规规定变更合同应当办理批准、登记手续的，依照其规定。当事人对合同变更的内容约定不明确的，推定为未变更。

合同变更后的法律效力包括：①变更后原有的合同内容失去效力，当事人按照变更后的合同内容履行；②合同的变更只对合同未履行的部分有效，对已履行的内容不发生效力；③合同的变更不影响当事人请求损害赔偿的权利。

二、合同的转让

合同的转让是指在不改变合同内容的前提下，合同当事人一方依法将其合同的权利和义务全部或部分转让给第三人的法律行为。合同的转让是合同主体的变更,它包括3种情况。

(一)合同权利的转让

合同权利的转让指合同债权人通过协商将其在合同中的债权全部或部分转让给他人。原债权人称为让与人,新债权人称为受让人。

1. 合同权利转让的限制 合同权利的转让,应当由让与人和受让人签订转让合同,法律、行政法规规定转让权利应当办理批准、登记等手续的,依照其规定。权利转让后应通知债务人。未经通知,该转让对债务人不发生效力。债权人转让权利的通知不得撤销,但经受让人同意的除外。

有下列情形之一的合同权利不能转让:①根据合同性质不可转让的债权,主要是指与特定人身份有关的权利,例如赠与合同中的权利;②按照当事人的约定不得转让的债权,该约定不得违背法律或者社会公共道德;③法律规定不得转让的合同债权,如最高额抵押的主合同债权不得转让。

2. 合同权利转让的法律效力

(1)从权利转移 债权人转让权利的,受让人取得与债权有关的从权利,但该从权利专属于债权人自身的除外。例如,抵押权随主债权的转移而转移。

(2)抗辩权的转移 债务人对让与人的抗辩,可以向受让人主张。

(3)抵销权的转移 债务人接到债权转让通知时,债务人对让与人享有债权,并且债务人的债权先于转让的债权到期或者同时到期的,债务人可以向受让人主张抵销。抵销通知到达债权人时,即可发生抵销的效力,但是抵销通知中不得附加任何条件或者期限。

(二)合同义务的转让

合同义务转让是指债务人经债权人同意将合同的义务全部或者部分地转让给第三人。

1. 合同义务转让的限制 合同义务的转让,应当由让与人和受让人签订转让合同,应当经债权人同意,法律、行政法规规定转让义务应当办理批准、登记等手续的,依照其规定。被转让的合同义务应具有可转让性。

2. 合同义务转让的法律效力

第一,新债务人可以主张原债务人对债权人的抗辩。

第二,新债务人应当承担与主债务有关的从债务,但该从债务专属于原债务人自身的除外。例如,以原债务人的劳务充抵主债务利息,此种从债务是不能转移的。

(三)合同权利义务一并转让

合同权利义务一并转让,应当经对方同意,方能产生法律效力。法律、行政法规规定转让合同权利义务应当办理批准、登记等手续的,依照其规定。合同权利义务一并转让后,受让人取代原合同一方当事人的法律地位。

三、合同的终止

合同的终止是指当事人之间的债权、债务消灭,当事人不再受合同关系的约束,合同效力完全终结。合同的权利义务终止后,当事人应当遵循诚实信用原则,根据交易习惯履行通知、协助、保密等义务。合同的权利义务终止,不影响合同中结算和清理条款的效力。

《合同法》规定了合同终止的7种原因:债务已经按照约定履行、合同解除、债务相互抵销、债务人依法将标的物提存、债权人免除债务、债权债务同归于一人和法律规定或者当事人约定终止的其他情形。

农村实用经济法规解读

(一)合同的解除

合同的解除指合同有效成立后,当具备法律规定的合同解除条件时,因当事人一方或双方的意思表示而使合同关系归于消灭的行为。

1. 约定解除 约定解除是指当事人通过双方协商决定而进行的合同解除。

2. 法定解除 法定解除是指合同依法成立后,当事人因行使法定解除权而终止合同关系。法定解除是单方的法律行为,当条件成就时,享有解除权的一方,无须与对方协商,可以直接要求解除合同。

法定解除的条件主要包括:①因不可抗力致使不能实现合同目的;②在履行期限届满之前,当事人一方明确表示或者以自己的行为表明不履行主要债务;③当事人一方迟延履行主要债务,经催告后在合理期限内仍未履行;④当事人一方迟延履行债务或者有其他违约行为致使不能实现合同目的;⑤法律规定的其他情形。

享有解除权的当事人主张解除合同的,应当通知对方。合同自通知到达对方时解除。对方有异议的,可以请求人民法院或仲裁机构确认解除合同的效力。另外,法律、行政法规规定解除合同应当办理批准、登记等手续的,依照其规定。

合同解除后,尚未履行的,终止履行;已经履行的,根据履行情况和合同性质,当事人可以要求恢复原状、采取其他补救措施,并有权要求赔偿损失。

【案例4-18】 甲商场与乙服装厂签订一份服装买卖合同,约定乙于某年3月1日前向甲交付一批春装,货到后3日内付款。3月5日,乙通知甲,由于订单太多,加工能力不足,不能按期交货,请求给予2个月的宽限期。甲认为乙的迟延履行会使自己错过春装的销售旺季,随即发出解除合同的通知,并要求乙承担违约责任。

问：甲的请求能否获得支持？

【解析】 甲的请求合法,因为乙迟延履行债务致使甲不能实现合同目的,因此甲有权单方提出解除合同,并追究对方的违约责任。在此不适用法定解除条件3,主要因为标的物具有季节性,对交付时间有较高的要求,所以不能再给合理的履行期。

(二) 抵 销

抵销是指二人互负债务时,各以其债权充当债务的履行,而使其债务与对方的债务在对等额内相互消灭。基于抵销产生的根据不同,分为法定抵销和协议抵销。

1. 法定抵销 法定抵销是指由法律规定其构成要件,享有抵销权的当事人以单方意思表示即可发生抵销效力。法定抵销的构成要件有:①当事人互负到期债务;②该债务的标的物种类、品质相同;③双方的债务均为可抵销的债务。

当事人一方主张抵销的,应当通知对方,且不能附条件或者附期限,通知到达对方时生效。

2. 协议抵销 协议抵销是指当事人互负债务,经双方协商一致而产生的抵销。因此,协议抵销是双方的法律行为,即使标的物种类、品质不相同,当事人只要达成抵销协议,抵销即成立。但依照法律规定不能抵销的除外。

(三) 提 存

提存是指由于债权人的原因而无法向其交付债的标的物时,债务人将该标的物提交给提存机关保管而消灭债务的一项制度。在我国提存机关是公证机关。

1. 提存的原因 有下列情形之一的,债务人可以将标的物提存:①债权人无正当理由拒绝受领;②债权人下落不明;③债权人死亡未确定继承人或丧失民事行为能力未确定监护人;④法律规定的其他情形。

农村实用经济法规解读

标的物不适于提存或者提存费用过高的,债务人依法可以拍卖或者变卖标的物,提存所得的价款。提存费用过高的,是指6个月保管费用超过物品价值5%的标的物。

2. 提存的效力 提存标的物后,除债权人下落不明的以外,债务人应当及时通知债权人或债权人的继承人、监护人。提存的效力表现在以下几个方面:①标的物提存后,无论债权人受领与否,均产生债务消灭的效力;②标的物提存后,毁损、灭失的风险由债权人承担;③提存费用由债权人负担;④提存期间,标的物的孳息归债权人所有;⑤债权人可以随时领取提存物,但债权人对债务人负有到期债务的,在债权人未履行债务或提供担保之前,提存机关根据债务人的要求,应当拒绝其领取提存物;⑥债权人领取提存物的权利,自提存之日起5年内不行使而消灭,提存物扣除提存费用后归国家所有。

(四) 免除和混同

免除是指债权人抛弃债权,使合同终止。免除是单方面的法律行为,自向债务人表示后,即产生债务消灭的结果。

混同是指债权与债务同归一人,致使合同关系消灭的法律事实。混同成立的原因,包括概括承受和特定承受。概括承受,如企业合并。特定承受,是指在合同关系中,其债务人受让债权人的债权,或者债权人承受债务人的债务。混同涉及第三人利益的,合同不能因此而终止。如债权为质权的标的,发生混同,该债权不能消灭,否则会有害于质权人的利益。

第六节 合同责任

一、缔约过失责任

缔约过失责任是指在合同未成立的情况下,一方当事人在订

第四章 合同法

立合同过程中,因过错给对方当事人造成损失时,依法应承担的赔偿责任。缔约过失责任与违约责任不同,它以合同未能有效成立为基础,只有损害赔偿一种方式。

(一)承担缔约过失责任的情形

当事人在订立合同过程中,有下列情形之一的,要承担缔约过失责任:①假借订立合同,恶意进行磋商;②故意隐瞒与订立合同有关的重要事实或提供虚假情况;③违背诚实信用原则的其他行为。例如,依照法律、行政法规的规定经批准或者登记才能生效的合同成立后,有义务办理申请批准或者申请登记等手续的一方当事人未按照法律规定或者合同约定办理申请批准或者未申请登记的。

(二)缔约过失责任的赔偿范围

负有缔约过失责任的当事人,应当赔偿遭受损失一方的信赖利益。具体范围包括:①缔约费用。如差旅费、邮寄费等;②准备履约所支付的费用。如车船租赁费、贷款利息等;③上述费用的利息;④因此而丧失的商机所造成的损失。

【案例4-19】 王某见孙某的门面房不错,遂想租房。孙某见王某有意租房就热情接待。王某称自己想租房开饭店,准备先租1年。孙某表示,自己可以搬离该门面房,出租给王某。但是王某提出,房子太脏,请孙某简单装修后再商签合同,自己手头资金充足,可以给孙某较高的租金。3个月后,孙某装修完毕找王某商签合同,王某说,自己的资金在股市被套牢无力开饭店,所以不能再签订租房合同。孙某很恼火,要求王某赔偿自己为出租该门面房而支付的装修费和搬家费。王某认为,双方没有订立合同,自己没有责任赔偿对方。

问:王某是否应该赔偿孙某?

【解析】 王某和孙某的合同尚未订立,但是王某故意隐瞒与

农村实用经济法规解读

订立合同有关的重要事实(自己的资金在股市,存在着资金不足,不能签订合同的可能),致使孙某信赖合同必然成立而造成了损失,王某应该承担缔约过失责任,赔偿孙某的装修费和搬家费。

二、违约责任

违约责任是指合同当事人因违反合同所应承担的民事责任。合同当事人违约时,不考虑其主观上是否有过错,只要一方不履行合同义务或者履行合同义务不符合约定,就应该承担违约责任。

(一)承担违约责任的方式

1. 继续履行 继续履行是指违反合同的当事人无论是否已经承担赔偿金或者违约金责任,都必须根据对方的要求,在自己能够履行的条件下,对原合同未履行的部分进行履行。

(1)金钱债务违约的继续履行 当事人一方未支付价款或者报酬的,对方可以要求其支付价款或者报酬。

(2)非金钱债务违约的继续履行 当事人一方不履行非金钱债务或者履行非金钱债务不符合约定的,对方可以要求继续履行,但有下列情形之一的除外:法律上或者事实上不能履行;债务的标的不适于强制履行或者履行费用过高;债权人在合理期限内未要求履行。

(3)继续履行与违约金并用 当事人就迟延履行约定违约金的,违约方支付违约金后,还应当履行债务。

(4)继续履行与赔偿损失并用 当事人一方不履行合同义务或者履行合同义务不符合约定的,在履行义务后,对方还有其他损失的,应当赔偿损失。

2. 赔偿损失 赔偿损失是指违约方因不履行或不完全履行合同义务给对方造成损失时,依法或根据合同约定应赔偿对方所受的损失。

(1)赔偿范围 当事人一方不履行合同义务或者履行合同义

第四章 合同法

务不符合约定,给对方造成损失的,损失赔偿额应当相当于因违约所造成的损失,包括合同履行后可以获得的利益,但不得超过违反合同一方订立合同时预见到或者应当预见到的因违反合同可能造成的损失。当事人可以在合同中约定因违约产生的损失赔偿额的计算方法。

(2)守约方的义务　当事人一方违约后,对方应当采取适当措施防止损失的扩大;没有采取适当措施致使损失扩大的,不得就扩大的损失要求赔偿。当事人因防止损失扩大而支出的合理费用,由违约方承担。

【案例4-20】　某年4月A公司与B公司签订了货物买卖合同。双方约定,10月1日前B公司向A公司提供20万枝菊花,A公司收到货物后10日内付款。合同签订后,A公司随后与C公司签订合同,约定向其销售菊花20万枝,此事未告知B公司。B公司为履行合同种植了菊花,但因菊花没有如期开放,B公司未能向A公司按期交货。故A公司也未能向C公司按期交货,支付了1万元违约金。A公司就该笔损失加违约金向B公司追索,B公司表示:只愿意按照合同约定承担违约金,不愿再赔偿A这1万元损失。

问:B公司是否应该赔偿A的这1万元损失?

【解析】　由于B公司在订立合同时,不能预见到A公司与C公司又签订了合同,所以不应该赔偿A的这1万元损失,但是应该承担合同中约定的违约金。

3. 违约金　违约金是当事人在合同中约定的,一方违约时,应付给对方当事人一定数额的货币。约定的违约金低于造成的损失的,当事人可以请求人民法院或者仲裁机构予以增加,增加后的违约金数额以不超过实际损失额为限;约定的违约金过分高于造成损失的,当事人可以请求予以适当减少。当事人约定的违约金超过造成损失的30%的,一般可以认定为"过分高于造成的损失"。

4. 定金 定金是合同当事人为确保合同履行,按双方约定,由当事人一方预先给付对方当事人一定数额的货币。其违约救济功能表现在,给付定金的一方不履行约定的债务的,无权要求返还定金;收受定金的一方不履行约定的债务的,应当双倍返还定金。当事人既约定违约金,又约定定金的,一方违约时,对方可以选择适用违约金或者定金条款,也就是二者只能选择其一。

5. 补救措施 补救措施是指除继续履行、赔偿损失、违约金、定金外所承担的违约责任方式,主要包括修理、重作、更换、退货、减少价款或报酬等。

(1)**质量不符合约定的补救措施** 首先应当按照当事人的约定承担违约责任。如果对违约责任没有约定或约定不明确,依照《合同法》第61条的规定仍不能确定的,受损害方根据标的性质以及损失的大小,可以合理选择要求对方承担修理、更换、重作、退货、减少价款或报酬等违约责任。

(2)**补救措施与赔偿损失的并用** 当事人一方不履行合同义务或者履行合同义务不符合约定的,在采取补救措施后,对方还有其他损失的,应当赔偿损失。

(二)违约的类型

1. 双方违约 当事人双方都违反合同的,应当各自承担相应的责任。

2. 第三人的原因造成的违约 当事人一方因第三人的原因造成违约的,应当向对方承担违约责任。当事人一方和第三人之间的纠纷,依照法律规定或者按照约定解决。

(三)违约责任的免除

因不可抗力不能履行合同的,根据不可抗力的影响,部分或者全部免除责任,但法律另有规定的除外。当事人迟延履行后发生不可抗力的,不能免除责任。当事人一方因不可抗力不能履行合

第四章 合同法

同的,应当及时通知对方,以减轻可能给对方造成的损失,并应当在合理期限内提供证明。

第七节 几类有名合同

合同法分则规定了15种有名合同,这些合同因具有合同的共同特征而遵循合同法总则的有关规定,因有不同的特点而遵守合同法分则的规定。在现实生活中还有许多无名合同,如雇佣合同、共同经营合同等,应比照与它最相近的合同处理。在此选取现实生活中最常见的6类合同分别加以介绍。

一、买卖合同

买卖合同是出卖人转移标的物的所有权于买受人,买受人支付价款的合同。

(一)出卖人的义务

1. 交付标的物或单证 出卖人应当按照合同约定的数量、期限、地点、包装方式向买受人交付标的物或者交付提取标的物的单证。出卖人还应当按照约定或者交易习惯交付其他有关单证和资料,如产品合格证、质量保证书、使用说明书、产品检验书和产品进出口检疫证书等。标的物的所有权自标的物交付时起转移,这是一般原则,但法律另有规定或者当事人另有约定的除外。

2. 标的物的品质担保义务 出卖人应当按照约定的质量要求交付标的物。出卖人提供有关标的物质量说明的,交付的标的物应当符合该说明的质量要求。

3. 标的物的权利担保义务 标的物的权利担保义务是指出卖的义务出的标的物,负有保证第三人不得向买受人主张任何权应当知道第三人对买卖的标的物享有权利的除外。买受人订立合同时知道或者……出卖人不承担权利

农村实用经济法规解读

担保义务。买受人有确切证据证明第三人可能就标的物主张权利的,可以中止支付相应的价款,但出卖人提供适当担保的除外。

(二)买受人的义务

1. 支付货款 买受人应当按照约定的数额、时间和地点支付价款。没有约定或约定不明确的,当事人可以依照《合同法》第61条的规定处理。但是,对支付时间仍不能确定的,买受人应当在收到标的物或者提取标的物单证的同时支付;对支付地点仍不能确定的,买受人应当在出卖人的营业地支付,但约定支付价款以交付标的物或者交付提取标的物单证为条件的,在交付标的物或者交付提取标的物单证的所在地支付。

2. 接收检验标的物 买受人收到标的物时应当在约定的检验期间内检验。没有约定检验期间的,应当及时检验。

当事人约定检验期间的,买受人应当在检验期间内将标的物的数量或者质量不符合约定的情形通知出卖人。买受人怠于通知的,视为标的物的数量或者质量符合约定。

当事人没有约定检验期间的,买受人应当在发现或者应当发现标的物的数量或者质量不符合约定的合理期间内通知出卖人。买受人在合理期间内未通知或者自标的物收到之日起2年内未通知出卖人的,视为标的物的数量或者质量符合约定,但对标的物有质量保证期的,适用质量保证期,不适用该2年的规定。

出卖人知道或者应当知道提供的标的物不符合约定的,买受人不受前述通知时间的限制。

(三)标的物风险的转移

风险的划分,常用于区分因意外事件造成标的物毁损的情况下,谁来承担该损失。一般情况下,标的物毁损、灭失的风险,在标的物交付之前由出卖人承担,交付之后由买受人承担,规定或者当事人另有约定的

第四章 合同法

1. 涉及运输的　当事人没有约定交付地点或者约定不明确,依照《合同法》第61条的规定仍不能确定,标的物需要运输的,出卖人将标的物交付给第一承运人后,标的物毁损、灭失的风险由买受人承担。

出卖人出卖交由承运人运输的在途标的物,除当事人另有约定的以外,毁损、灭失的风险自合同成立时起由买受人承担。

2. 不涉及运输的　当事人没有约定交付地点或者约定不明确,依照《合同法》第61条的规定仍不能确定,标的物不需要运输的,出卖人和买受人订立合同时知道标的物在某一地点的,出卖人应当在该地点交付标的物;不知道标的物在某一地点的,应当在出卖人订立合同时的营业地交付标的物。出卖人按照约定或按照上述规定将标的物置于交付地点,买受人违反约定没有收取的,标的物毁损、灭失的风险自违反约定之日起由买受人承担。

3. 其他规则　标的物风险的转移还应该遵守如下规则:①因买受人的原因致使标的物不能按照约定的期限交付的,买受人应当自违反约定之日起承担标的物毁损、灭失的风险;②出卖人按照约定未交付有关标的物的单证和资料的,不影响标的物毁损、灭失风险的转移;③因标的物质量不符合要求,致使不能实现合同目的的,买受人可以拒绝接受标的物或者解除合同,因此造成的标的物毁损、灭失的风险由出卖人承担;④标的物毁损、灭失的风险由买受人承担的,不影响因出卖人履行债务不符合约定,买受人要求其承担违约责任的权利。

【案例4-21】　甲、乙签订了一份奶牛买卖合同,约定甲向乙交付5头牛,总价款1万元,乙向甲交付定金3000元,其余款项由乙在半年内付清,在乙向甲付清款项前,甲保留5头牛的所有权。甲随后向乙交付了5头牛。问:

(1)在乙未付清款项前,如果有1头牛被雷击而死,应由谁承担损失?

(2)在乙未付清款项前,乙与丁达成转让其中1头牛的合同,该合同的效力如何?

(3)合同中的定金条款效力如何?

【解析】 牛死亡的损失应该由乙承担,因为标的物毁损、灭失的风险,在交付之后由买受人承担,但法律另有规定或者当事人另有约定的除外。

乙与丁签订的合同属于效力待定合同,因为牛的所有权属于甲,乙没有处分权。

定金超过总价款20%的部分无效。

二、赠与合同

赠与合同是赠与人将自己的财产无偿给予受赠人,受赠人表示接受赠与的合同。赠与的财产依法需要办理登记等手续的,应当办理有关手续。

(一)当事人的权利和义务

1. 赠与人交付赠与物 赠与人在赠与财产的权利转移之前可以撤销赠与,但具有救灾、扶贫等社会公益、道德义务性质的赠与合同或者经过公证的赠与合同,赠与人不得撤销。另外,赠予人的经济状况显著恶化,严重影响其生产经营或家庭生活的,可以不再履行赠与义务。

2. 赠与人对赠与物的责任 赠与财产有瑕疵的,赠与人不承担责任。但附义务的赠与,赠与的财产有瑕疵的,赠与人在附义务的限度内承担与出卖人相同的责任。赠与人故意不告知瑕疵或者保证无瑕疵,造成受赠人损失的,应当承担损害赔偿责任。因赠予人的故意或者重大过失致使赠予的财产毁损、灭失,造成受赠人损失的,赠与人要承担损害赔偿的责任。

【案例4-22】 老张因身体不便将自己的一辆自行车赠与邻居的中学生小李,让小李上学使用,但要求小李今后回家途中给其

第四章 合同法

捎带一些生活必需品,小李同意。第二天小李上学路上因自行车刹车不灵造成摔伤。

问:老张是否应承担赔偿责任?

【解析】 法律规定,附义务的赠与,赠与的财产有瑕疵的,赠与人在附义务的限度内承担与受赠人相同的责任。老张赠与自行车的同时,附加了捎带一些生活必需品的义务,所以老张应承担部分责任。

3. 受赠人的权利 受赠人的主要权利为接受赠与财产。对具有救灾、扶贫等社会公益、道德义务性质的赠与合同或者经过公证的赠与合同,赠与人不交付赠与的财产的,受赠人可以要求交付。

(二)赠与合同的撤销

受赠人有下列情形之一的,赠与人可以撤销赠与:严重侵害赠与人或者赠与人的近亲属;对赠与人有扶养义务而不履行;不履行赠与合同约定的义务。赠与人的撤销权,自知道或者应当知道撤销原因之日起1年内行使。

因受赠人的违法行为致使赠与人死亡或者丧失民事行为能力的,赠与人的继承人或者法定代理人可以撤销赠与。赠与人的继承人或者法定代理人的撤销权,自知道或者应当知道撤销原因之日起6个月内行使。

撤销权人撤销赠与的,可以向受赠人要求返还赠与的财产。

三、借款合同

借款合同是借款人向贷款人借款,到期返还借款并支付利息的合同。借款合同按照贷款人的不同可以分为两类:自然人之间的借款合同、银行借款合同。

(一)自然人之间的借款合同

借款合同一般采用书面形式,但自然人之间借款另有约定的除外。自然人之间的借款合同,自贷款人提供借款时生效,合同对支付利息没有约定或者约定不明确的,视为不支付利息。合同约定支付利息的,借款的利率不得违反国家有关限制借款利率的规定。

(二)银行借款合同

1. 贷款人的权利与义务 借款合同约定了借款用途的,贷款人有权按照约定检查、监督借款的使用情况。借款人未按照约定的借款用途使用借款的,贷款人可以停止发放借款、提前收回借款或者解除合同。

贷款人应按照约定的日期、数额提供借款,否则,造成借款人损失的,应当赔偿损失。贷款人在办理借款时不得预先在本金中扣除利息。利息预先在本金中扣除的,应当按照实际借款数额返还借款并计算利息。

2. 借款人的权利与义务 借款人的权利主要有:接受借款的权利,提前还款的权利,申请展期的权利。

借款人应当按照约定的期限返还借款,按约定用途使用借款、按约定的期限支付利息。当事人对支付利息的期限没有约定或者约定不明确,依照《合同法》第61条的规定仍不能确定,借款期间不满1年的,应当在返还借款时一并支付;借款期间1年以上的,应当在每届满1年时支付,剩余期间不满1年的,应当在返还借款时一并支付。

四、租赁合同

租赁合同是出租人将租赁物交付承租人使用、收益,承租人支付租金的合同。

(一)租赁合同的期限

租赁期限不得超过20年,超过20年的,超过部分无效。租赁期间届满,当事人可以续订租赁合同,但约定的租赁期限自续订之日起不得超过20年。

租赁期限6个月以上的,应当采用书面形式。当事人未采用书面形式的,视为不定期租赁。

(二)出租人的义务

1. 移交租赁物 出租人应当按照约定将租赁物交付承租人,并在租赁期间保持租赁物符合约定的用途。因第三人主张权利,致使承租人不能对租赁物使用、收益的,承租人可以要求减少租金或者不支付租金。

2. 维修租赁物 承租人在租赁物需要维修时可以要求出租人在合理期限内维修。出租人未履行维修义务的,承租人可以自行维修,维修费用由出租人负担。因维修租赁物影响承租人使用的,应当相应减少租金或者延长租期。租赁物危及承租人的安全或者健康的,即使承租人订立合同时明知该租赁物质量不合格,承租人仍然可以随时解除合同。

3. 通知义务 出租人出卖租赁房屋的,应当在出卖之前的合理期限内通知承租人,承租人享有以同等条件优先购买的权利。租赁物在租赁期间发生所有权变动的,不影响租赁合同的效力。

(三)承租人的义务

1. 支付租金 承租人应当按照约定的期限支付租金。承租人无正当理由未支付或者迟延支付租金的,出租人可以要求承租人在合理期限内支付。承租人逾期不支付的,出租人可以解除合同。因不可归责于承租人的事由,致使租赁物部分或者全部毁损、灭失的,承租人可以要求减少租金或者不支付租金;因租赁物部分或者全部毁损、灭失,致使不能实现合同目的的,承租人可以解除合同。

2. 使用租赁物 承租人应当按照约定的方法使用租赁物。承租人按照约定的方法或者租赁物的性质使用租赁物,致使租赁

农村实用经济法规解读

物受到损耗的,不承担损害赔偿责任。承租人未按照上述规定使用租赁物,致使租赁物受到损失的,出租人可以解除合同并要求赔偿损失。

3. 保管租赁物 承租人应当妥善保管租赁物,因保管不善造成租赁物毁损、灭失的,应当承担损害赔偿责任。承租人经出租人同意,可以对租赁物进行改善或者增设他物;否则,出租人可以要求承租人恢复原状或者赔偿损失。

4. 不得擅自转租 承租人经出租人同意,可以将租赁物转租给第三人;否则,出租人可以解除合同。承租人转租的,承租人与出租人之间的租赁合同继续有效,第三人对租赁物造成损失的,承租人应当赔偿损失。

【**案例4-23**】 甲租用乙的房屋,双方签订了租赁合同,约定租赁期限为5年。3年后,乙因为无力维修该出租房,决定以20万元的价格卖给甲,甲表示价格太高不买。此时,丙愿意以22万元的价格购买,乙、丙遂签订了房屋买卖合同。

问:该房屋买卖合同是否影响甲对该房的租用?甲是否对该房有优先购买权?

【**解析**】 法律规定,租赁物在租赁期间发生所有权变动的,不影响租赁合同的效力。所以,乙、丙的房屋买卖合同不影响甲对该房的租用,直至租赁期满。本案中,乙以22万元的价格卖给丙,高于告知甲的20万元,况且甲也表示不买,说明甲已经放弃了优先购买权。

五、运输合同

运输合同是承运人将旅客或者货物从起运地点运输到约定地点,旅客、托运人或者收货人支付票款或者运输费用的合同。按照运输对象的不同,运输合同可以分为客运合同和货运合同。

第四章 合同法

(一)客运合同当事人的权利和义务

客运合同自承运人向旅客交付客票时成立,但当事人另有约定或者另有交易习惯的除外。

1. 客运合同当事人的权利

(1)旅客享有合同解除权　旅客因自己的原因不能按照客票记载的时间乘坐的,应当在约定的时间内办理退票或者变更手续。逾期办理的,承运人可以不退票款,并不再承担运输义务。

(2)承运人的拒绝承运权　旅客携带违禁物品的,承运人可以将违禁物品卸下、销毁或者送交有关部门。旅客坚持携带或者夹带违禁物品的,承运人应当拒绝运输。

2. 客运合同当事人的义务

①旅客应当持有效客票乘运。

②旅客在运输中应当按照约定的限量携带行李,不得随身携带或者在行李中夹带危险物品或者其他违禁物品。

③承运人应当向旅客及时告知有关不能正常运输的重要事由和安全运输应当注意的事项。承运人迟延运输的,应当根据旅客的要求安排改乘其他班次或者退票。

④承运人擅自变更运输工具而降低服务标准的,应当根据旅客的要求退票或者减收票款;提高服务标准的,不应当加收票款。

⑤承运人在运输过程中,应当尽力救助患有急病、分娩、遇险的旅客。

⑥承运人应当对运输过程中旅客的伤亡承担损害赔偿责任,但伤亡是旅客自身健康原因造成的或者承运人证明伤亡是旅客故意、重大过失造成的除外。此规定适用于按照规定免票、持优待票或者经承运人许可搭乘的无票旅客。

【案例4-24】　李某乘A汽车公司的中巴车前往县城办事。上车后,李某购买了车票。车辆在行驶过程中,因机械故障不能继续运行。李某要求退票,而该车售票员以公司规定当汽车出故障

农村实用经济法规解读

不能运行时可为乘客拦截其他公交车运送乘客,没有规定退票为由予于拒绝。

问:李某能否要求退票?

【解析】 李某可以要求退票。A汽车公司有义务将李某运送到目的地,但由于汽车出故障,没有履行完自己的义务。承运人如何承担违约责任,应由乘客从安排改乘其他班次或者退票两种方式中选择。承运人不能以内部规定对抗乘客的要求。

(二)货运合同当事人的权利与义务

1. 货运合同当事人的权利

(1)托运人的变更权　在承运人将货物交付收货人之前,托运人可以要求承运人中止运输、返还货物、变更到达地或者将货物交给其他收货人,但应当赔偿承运人因此受到的损失。

(2)承运人的拒绝运输权　托运人违反货物申报义务的,承运人可以拒绝运输。托运人违反包装义务的,承运人可以拒绝运输,也可以采取相应措施以避免损失的发生,因此产生的费用由托运人承担。

(3)承运人的留置权、提存权　托运人或者收货人不支付运费、保管费以及其他运输费用的,承运人对相应的运输货物享有留置权,但当事人另有约定的除外。收货人不明或者收货人无正当理由拒绝受领货物的,承运人可以提存货物。

2. 货运合同当事人的义务

(1)托运人如实申报的义务　托运人办理货物运输,应当向承运人准确表明收货人的名称或者姓名或者凭指示的收货人,货物的名称、性质、重量、数量,收货地点等有关货物运输的必要情况。因托运人申报不实或者遗漏重要情况,造成承运人损失的,托运人应当承担损害赔偿责任。

(2)托运人包装货物的义务　托运人应当按照约定的方式包装货物。托运人托运易燃、易爆、有毒、有腐蚀性、有放射性等危险

第四章 合同法

物品的,应当按照国家有关危险物品运输的规定对危险物品妥善包装,做出危险物标志和标签,并将有关危险物品的名称、性质和防范措施的书面材料提交承运人。

(3) **承运人的通知义务** 货物运输到达后,承运人知道收货人的,应当及时通知收货人,收货人应当及时提货。收货人逾期提货的,应当向承运人支付保管费等费用。

(4) **收货人的检验义务** 收货人在约定的期限或者合理期限内对货物的数量、毁损等未提出异议的,视为承运人已经按照运输单证的记载交付的初步证据。

(5) **承运人的赔偿义务** 承运人对运输过程中货物的毁损、灭失承担损害赔偿责任,但因不可抗力、货物本身的自然性质或者合理损耗以及托运人、收货人的过错造成的,不承担损害赔偿责任。

【**案例4-25**】 8月1日甲公司向乙宾馆发出一封电报:"现有一批电器,其中电视机80台,每台售价3400元;电冰箱100台,每台售价2800元。如有意购买,请告知。"

乙宾馆接到电报后,8月6日遂向甲公司回复称:欲购买甲公司50台电视机,每台电视机3200元;60台电冰箱,每台电冰箱2500元,共计支付总货款31万元,货到付款。

甲公司接到乙宾馆的电报后,8月10日回复:接受乙宾馆的要求。

甲公司随后与丙运输公司签订了合同,约定由丙公司将货物运至乙宾馆。丙公司在运输货物途中遭遇泥石流,致使部分货物毁损。丙公司将剩余的未受损的货物运至乙宾馆,乙宾馆要求甲公司将货物补齐后一并付款。

甲公司迅速补齐了货物,但乙宾馆以资金周转困难为由,表示不能立即支付货款,甲公司同意乙宾馆推迟1个月付款。1个月后经甲公司催告,乙宾馆仍未付款。于是,甲公司通知乙宾馆解除合同,乙宾馆不同意,双方产生纠纷。问题:

(1)8月1日甲公司向乙宾馆发出的电报是要约还是要约邀请?为什么?

(2)8月6日乙宾馆的回复是承诺还是新的要约?为什么?

(3)丙公司是否应对运货途中的货物毁损承担损害赔偿责任?为什么?

(4)甲公司能否解除与乙宾馆的买卖合同?为什么?

【解析】

(1)8月1日甲公司向乙宾馆发出的电报是要约。因为电报的内容具体确定,而且明确表达了希望与乙宾馆订立合同的意图。

(2)8月6日乙宾馆的回复是新的要约。因为乙宾馆的回复对要约中货物的数量、价格做了实质性变更。

(3)丙公司不应对货物的毁损承担损害赔偿责任。因为承运人对因不可抗力造成的货损,不承担损害赔偿责任。

(4)甲公司有权解除与乙宾馆的买卖合同。因为当事人一方迟延履行主要债务,经催告后在合理期限内仍未履行的。守约方有权单方解除合同,解除通知到达乙宾馆,解除生效。

六、承揽合同

承揽合同是承揽人按照定做人的要求完成工作,交付工作成果,定做人给付报酬的合同。承揽包括加工、定做、修理、复制、测试、检验等工作。承揽人是指完成工作交付工作成果的人,定做人是指接受工作成果并支付报酬的人。

(一)承揽人的权利和义务

1. 承揽人的权利 承揽人完成工作成果享有获得报酬的权利。定做人未向承揽人支付报酬或者材料费等价款的,承揽人对完成的工作成果享有留置权,但当事人另有约定的除外。

2. 承揽人的义务

(1)承揽人亲自完成主要工作 承揽人应当以自己的设备、技

第四章 合同法

术和劳力,完成主要工作,但当事人另有约定的除外。承揽人将其承揽的主要工作交由第三人完成的,应当就该第三人完成的工作成果向定做人负责;未经定做人同意的,定做人也可以解除合同。

【案例4-26】 甲公司承揽了乙单位家属楼的电梯维修工作。因为工期紧,经乙单位同意,甲公司将主要维修任务委托给丙公司来完成。由于丙公司雇用的部分新员工缺乏经验,使得维修后的电梯出现质量问题。

问:谁应该对该质量问题承担责任?

【解析】 法律规定,承揽人将其承揽的主要工作交由第三人完成的,应当就该第三人完成的工作成果向定做人负责。案例中,乙单位是定做人,甲公司是承揽人,丙公司是第三人。所以,甲公司应该对该质量问题承担责任。

(2)使用符合约定的材料 承揽人对定做人提供的材料,应当及时检验,发现不符合约定时,应当及时通知定做人更换、补齐或者采取其他补救措施。承揽人不得擅自更换定做人提供的材料,不得更换不需要修理的零部件。

(3)通知义务 承揽人发现定做人提供的图纸或者技术要求不合理的,应当及时通知定做人。因定做人怠于答复等原因造成承揽人损失的,应当赔偿损失。

(4)保密义务 承揽人应当按照定做人的要求保守秘密,未经定作人许可,不得留存复制品或者技术资料。

(二)定做人的权利和义务

定做人的权利有:监督、检验承揽人的工作;请求交付工作成果;中途变更承揽工作的要求,造成承揽人损失的,应当赔偿损失;可以随时解除承揽合同,造成承揽人损失的,应当赔偿损失。

定做人的义务有:支付报酬和材料费的义务;承揽工作需要定做人协助的,定做人有协助的义务。

【案例4-27】 甲、乙两公司采用合同书形式订立了一份买卖合同。双方约定由甲公司向乙公司提供100台精密仪器,甲公司于8月31日以前交货,并负责将货物运至乙公司;乙公司在收到货物后10日内付清货款。合同订立后双方均未签字盖章。7月28日,甲公司与丙运输公司订立了货物运输合同,双方约定由丙公司将100台精密仪器运至乙公司。8月1日,丙公司先运了70台精密仪器至乙公司,乙公司全部收到,并于8月8日将70台精密仪器的货款付清。8月20日,甲公司掌握了乙公司转移财产、逃避债务的确切证据,随即通知丙公司暂停运输其余30台精密仪器,并通知乙公司中止交货,要求乙公司提供担保;乙公司及时提供了担保。8月26日,甲公司通知丙公司将其余30台精密仪器运往乙公司。丙公司在运输途中发生交通事故,30台精密仪器全部毁损,致使甲公司8月31日前不能按时全部交货。9月5日,乙公司要求甲公司承担违约责任。问题:

(1)甲、乙订立的买卖合同是否成立?并说明理由。

(2)甲公司8月20日中止履行合同的行为是否合法?并说明理由。

(3)乙公司9月5日要求甲公司承担违约责任的行为是否合法?并说明理由。

(4)丙公司对货物毁损应承担什么责任?并说明理由。

【解析】

(1)甲、乙订立的买卖合同成立。因为当事人采用合同书形式订立合同的,自双方当事人签字或者盖章时合同成立。如果,当事人未签字或者盖章,当事人一方已经履行主要义务,对方接受的,该合同成立。本案中,虽然合同订立后双方均未签字盖章,但是8月1日,丙公司先运了70台精密仪器至乙公司,乙公司全部收到,并于8月8日将70台精密仪器的货款付清。所以,合同成立。

(2)甲公司8月20日中止履行合同的行为合法。因为在甲、乙订立的买卖合同中,甲是先履行人,甲掌握了乙公司转移财产、

第四章 合同法

逃避债务的确切证据,因此可以主张不安抗辩权,中止履行合同。

(3)乙公司9月5日要求甲公司承担违约责任的行为合法。当事人一方因第三人的原因造成违约的,应当向对方承担违约责任。当事人一方和第三人之间的纠纷,依照法律规定或者按照约定解决。本案中,甲由于丙的原因违约,所以应该向乙承担违约责任。

(4)丙公司对货物毁损应承担赔偿责任。因为丙和甲之间有运输合同,所以承运人丙对运输过程中货物的毁损、灭失承担损害赔偿责任。

第五章 企业法

第一节 企业法概述

一、企业的概念和特点

企业是指依法设立,以盈利为目的,从事生产经营和服务性活动,独立经营的社会经济组织。

以盈利为目的是企业区别于事业单位、非营利性机构等组织的特点。企业经营的目的即为通过生产性活动或服务性活动等经济行为来获取利润。

企业有权对自己的经营活动做出决策,其他单位、机构、个人均没有权利对一家企业的经营随意施加影响,此即企业经营的独立性。在独立经营的基础上,企业对自身的财产情况、经营情况独立核算。

当前调整企业的法律规范主要有《中华人民共和国个人独资企业法》、《中华人民共和国合伙企业法》、《中华人民共和国公司法》、《中华人民共和国中外合资经营企业法》、《中华人民共和国中外合作经营企业法》等。不同的企业在设立条件上是有区别的,因此要设立一家企业首先要明确要设立什么类型的企业,在设立的条件和程序上要符合哪些法律规范,这也就是对企业要依法设立的要求。

第五章 企业法

二、企业的分类

（一）按照企业所有制性质的分类

按照企业所有制性质可以将其分成全民所有制企业、集体所有制企业、外资企业、私营企业和混合所有制企业。

（二）按照企业的法律地位的分类

按照企业的法律地位不同，可分为法人企业和非法人企业。

（三）按照对企业承担责任方式的分类

按照对企业承担责任方式不同，可分为个人独资企业、合伙企业和公司。

独资企业是由1个投资人单独投资设立的，投资人对企业承担无限责任的企业。无限责任是指当企业的资产不足以抵偿债务之时，投资人以其个人资产继续为企业偿还债务，直到偿还完毕。独资企业的优势在于设立门槛比较低，投资人自己可以对企业进行决策，简单灵活，能够适应多变的市场；其劣势在于无限责任导致投资人的投资风险较大。

合伙企业是由2个以上投资人投资设立的企业，投资人对企业债务承担无限连带责任。无限连带责任是指当企业的资产不足以抵偿债务之时，债权人可以要求任何一个合伙人承担企业无法承担的全部债务。因此，一般来说，合伙企业比独资企业资金筹集速度快，但是投资人仍然承担以个人的其他资产承担企业债务的风险。

公司是一种投资人对企业承担有限责任的企业类型，公司也仅以公司资产为限对公司的债务负责。也就是说，公司资产即使不够偿还债务也不能要求公司的投资人偿还公司的债。因此，公司投资者的投资风险相对合伙企业、独资企业要低，企业债务不会影响到投资人的其他的个人财产。

【案例5-1】 某企业由3个投资人甲、乙、丙投资设立，目前企

农村实用经济法规解读

业资产150万元,对外欠债200万元。甲、乙、丙3人的个人存款、投资房产等资产分别价值50万元、20万元、30万元。企业的债权人应当如何主张债权?

【解析】 要根据企业的性质决定债务清偿的方式。如果该企业是合伙企业,债权人在主张以企业资产150万元偿债后,可以要求3个投资人中任何一个或者几个以个人财产偿还剩余的50万元债务,直到还清为止。如果该企业是公司,只能以企业的150万元偿还,剩余的50万元债务公司不需偿还,更不能主张投资人以个人财产偿还。

根据责任承担方式对企业进行分类是一种常见的分类方式,体现了无限责任、无限连带责任和有限责任的区别。投资人要根据自身的特点选择投资何种企业类型,交易方在与企业进行交易时也要注意企业的类型。

【案例5-2】 张老三是养鱼专业户,他家鱼塘出产的鲤鱼、草鱼品质好、价格公道,因此供不应求,不愁销路。最近,朋友李老四上门要订购一大批鲤鱼,价值几十万元。李老四说过2个月再给钱,张老三担心到时候李老四给不了钱。李老四回答说:"你放心吧,我和朋友一块儿开了一家餐饮企业,生意很不错,这鱼就是给我们企业定的,不会还不了钱的。再说,就算企业还不了,我们几个投资人个个经济实力雄厚,难道还会欠你区区几十万元不成?"你若是张老三,你怎么看待这笔交易?

【解析】 张老三首先要明确这笔交易是与李老四的交易还是与李老四投资的企业的交易。如果是李老四的个人交易,则需要考量李老四个人的信用和偿债能力;如果是与李老四投资的企业进行交易,则还需要考虑企业的情况。

若李老四投资的企业是公司制的企业,无论投资人的经济实力多么雄厚,企业债都是不能要求投资人偿还的,因此只需考虑公司的信誉和偿债能力;若李老四投资开办的是合伙企业,在考虑企

第五章 企业法

业经济实力和信誉的同时,还要考虑投资人个人的偿债能力。

因此,从投资人角度来说,有限责任会降低投资风险;从交易对方的角度来说,有限责任则意味着企业的信用度不够高。

第二节 个人独资企业

一、个人独资企业法概述

个人独资企业是指依照《中华人民共和国个人独资企业法》(以下简称《个人独资企业法》)在中国境内设立,由一个自然人投资,财产为投资人个人所有,投资人以其个人财产对企业承担无限责任的经营实体。

个人独资企业责任形式上表现为投资人以其个人财产对企业债务承担无限责任,即当企业的财产不足以清偿企业债务时,投资人应当以其个人的全部财产用于清偿。因此,个人独资企业虽然是独立的经营实体,却不具备法人资格。

调整个人独资企业的法律规范主要有《个人独资企业法》、《关于贯彻实施<个人独资企业登记管理办法>有关问题的通知》等。

二、个人独资企业的设立

(一)个人独资企业设立的条件

1. 投资人为一个自然人,且只能是中国公民

①投资人为一个自然人。设立个人独资企业限定投资人只能是一个人,而且应该是具有完全民事行为能力。

②投资人只能是中国公民。我国对外国投资主体在中国的投资行为有更高的要求,由外商投资企业法律制度调整,因此外国人到中国投资不能适用《个人独资企业法》开办个人独资企业。

③投资人应是从事商业活动不受法律限制的中国公民。也就是说,国家机关、企事业单位等组织,以及法律、行政法规等禁止从

农村实用经济法规解读

事营利性活动的人员(如国家公务员、法官、商业银行工作人员等),都不能作为个人独资企业的投资人。

2. 有合法的企业名称　根据国家关于企业名称登记管理的规定,企业名称应当与其责任形式及从事的营业相符合。个人独资企业不得使用"有限"、"有限责任"、"公司"等字样,其名称可以叫作"厂"、"店"、"部"、"中心"、"工作室"、"商号"等。

3. 有投资人申报的出资

(1)出资形式要求　投资人可以用货币出资,也可以用实物、土地使用权、知识产权或者其他财产权利出资,但是不能以劳务出资,非货币出资要折合成货币。

(2)出资下限的要求　法律没有规定个人独资企业投资人的投资下限数额,只要求个人独资企业的出资数额应当与企业生产规模相适应即可。

(3)出资来源要求　投资人可以以个人财产出资,也可以以家庭共有财产出资,以家庭共有财产出资的,投资人应在设立(变更)申请书中予以说明。

4. 有固定的生产经营场所和必要的生产经营条件　固定的生产经营场所和必要的生产经营条件指的是企业要有厂房、店面、设备等保证企业运行的基本物质条件。

5. 有必要的从业人员　要求个人独资企业要有与企业的生产经营范围、规模相适应的从业人员,包括投资人、管理者、职工等。

【案例5-3】　李鑫是某机关公务员,退休后想自己开家面粉厂,于是向工商局申请设立个人独资企业。他给企业起名为"三鑫面粉加工有限公司",并向工商机关提交了设立申请书、身份证明、生产经营场所证明等规定文件。工商局经过审查后认为企业名称与责任形式不符,同时,李鑫虽然退休但是退休前是国家机关的工作人员,故做出不予登记的决定。工商机关的处理意见对吗?

第五章 企业法

【解析】 李鑫给企业起名为"三鑫面粉加工有限公司"是不对的,个人独资企业的名称中不能出现"有限"、"公司"等字样。但是李鑫作为投资人的身份是合法的,他已经退休,不再是国家公务员,因此可以做独资企业的投资人。

(二)个人独资企业设立的程序

1. 设立登记 申请个人独资企业,应当由投资人或者其委托代理人向个人独资企业所在地的工商登记机关提出设立申请。登记机关应当在收到设立申请文件之日起15日内,对符合《个人独资企业法》规定条件的予以登记,并签发营业执照;对不符合法定条件的,不予登记,同时书面回复申请人,说明理由。个人独资企业的营业执照签发日期,为个人独资企业成立日期,在领取个人独资企业营业执照前,投资人不得以个人独资企业名义从事经营活动。

【相关法律条款索引】《个人独资企业法》第9条:申请设立个人独资企业,应当由投资人或者其委托的代理人向个人独资企业所在地的登记机关提交设立申请书、投资人身份证明、生产经营场所使用证明等文件。委托代理人申请设立登记时,应当出具投资人的委托书和代理人的合法证明。

个人独资企业不得从事法律、行政法规禁止经营的业务;从事法律、行政法规规定须报经有关部门审批的业务,应当在申请设立登记时提交有关部门的批准文件。

《个人独资企业法》第10条:个人独资企业设立申请书应当载明下列事项:①企业的名称和住所;②投资人的姓名和居所;③投资人的出资额和出资方式;④经营范围。

2. 分支机构设立及登记 个人独资企业设立分支机构,应当由投资人或者其委托的代理人向分支机构所在地的登记机关申请登记,领取营业执照。分支机构经核准登记后,应将登记情况报该分支机构隶属的个人独资企业的登记机关备案。分支机构的民事责任由设立该分支机构的个人独资企业承担。

3. 企业变更登记 个人独资企业存续期间,工商登记的任何事项发生变更都要进行变更登记。应当在做出变更决定之日起的15日内依法向登记机关申请办理变更登记。

三、个人独资企业的事务管理

(一)个人独资企业事务管理方式

1. 投资人自行管理企业事务 个人独资企业由投资人单独投资设立,企业即为投资人的个人财产,因此投资人可以自行管理企业事务。对此没有条件和程序上的特殊要求。

2. 委托或者聘用他人管理企业事务 如果投资人不能管理企业,也可以委托或者聘用其他具有民事行为能力的人负责企业的事务管理。投资人委托或者聘用他人管理个人独资企业事务的,应当明确委托的具体内容和授予的权利范围。受托人或者被聘用的人员应当履行诚信、勤勉义务,按照与投资人签订的合同负责企业的事务管理。

【相关法律条款索引】《个人独资企业法》第20条:投资人委托或者聘用的管理个人独资企业事务的人员不得有下列行为:①利用职务上的便利,索取或者收受贿赂;②利用职务或者工作上的便利侵占企业财产;③挪用企业的资金归个人使用或者借贷给他人;④擅自将企业资金以个人名义或者以他人名义开立账户储存;⑤擅自以企业财产提供担保;⑥未经投资人同意,从事与本企业相竞争的业务;⑦未经投资人同意,同本企业订立合同或者进行交易;⑧未经投资人同意,擅自将企业商标或者其他知识产权转让给他人使用;⑨泄露本企业的商业秘密;⑩法律、行政法规禁止的其他行为。

【案例5-4】 李鑫投资开办了一家面粉厂。经营一段时间后,李鑫觉得自己要照顾家里的老人和上学的孩子,再加上经营面

第五章 企业法

粉厂实在是精力不够,想委托亲戚或者朋友帮帮自己。他觉得自己的表弟张强很有才干,于是向张强提出由他替自己管理企业,张强一口答应。李鑫很高兴,对张强说:"从今天起,面粉厂就由你全权管理啦!"张强拍着胸脯答应:"你放心,我一定比管自己的事儿还上心!"李鑫请张强帮自己管理企业是一种独资企业的何种事务管理方式?授权的过程是否存在问题?

【解析】 此为投资人委托他人管理企业事务的方式。现实中,很多独资企业的投资人在自己无法管理企业之时,会请亲戚朋友帮助自己管理企业事务,在这个过程中往往忽视明确授权范围,为企业以后的经营埋下隐患。因此,在委托或者聘用他人管理独资企业时,尽量不要采用口头约定、"全权委托"的方式授权。应以书面的方式明确授权的时间、范围、责任等具体内容,避免以后出现不必要的麻烦。

(二)对善意第三人权益的保护

投资人对受托人或者被聘用的人职权的限制,不得对抗善意第三人。所谓第三人,是指除受托人或被雇用的人员以外与企业发生经济业务关系的人。善意第三人是指第三人在与企业发生经济往来时,对投资人就委托职权的限制不知情,也没有与受托人或者被聘用人员之间相互串通、故意损害投资人利益。

【案例5-5】 李鑫出资设立个人独资企业三鑫面粉厂,聘请张强管理企业事务,同时规定,凡张强对外签订标的额超过5万元以上的合同,须经李鑫同意。某日,张强未经李鑫同意,以面粉厂名义向赵丽购入价值2万元的货物;又向孙振购入价值8万元的设备。张强签订的2个合同的效力如何?

【解析】 与赵丽2万元的合同在授权范围之内,是有效的。与孙振签订的合同是否有效要看孙振对于企业内部的授权限制是否知情。如果孙振对职权限制知情,或者与张强有恶意串通的行为,则合同无效;如果孙振就委托职权的限制不知情,也没有与受托人或者被聘用人员之间相互串通、故意损害投资人利益,则孙振属于善意第三人,合同是有效的。

四、个人独资企业的解散和清算

(一)个人独资企业的解散

企业解散是指企业作为经济实体资格消灭的过程。个人独资企业有下列情形之一时应当解散:①投资人决定解散;②投资人死亡或者被宣告死亡,无继承人或者继承人决定放弃继承;③被依法吊销营业执照;④法律、行政法规规定的其他情形。

(二)个人独资企业的清算

1. 清算方式 清算是企业解散的法律后果,是对解散企业的财产进行清理,收回债权,偿还债务,如果有剩余财产,依法进行分配的过程。个人独资企业法规定了2种清算方式:一是投资人自行清算;二是由债权人申请人民法院指定清算人进行清算。

2. 清算程序

(1)通知和公告债权人 个人独资企业解散,投资人自行清算的,应当在清算前15日内书面通知债权人,无法通知的,应当予以公告。债权人应当在接到通知起30日内,未接到通知的应当在公告之日起60日内,向投资人申报其债权。人民法院指定清算人进行清算的,由人民法院按照相关法律规定确定。

(2)清算财产 个人独资企业解散,财产偿债顺序为:首先是所欠职工工资和社会保险费用;其次为所欠税款;最后为其他债务。

个人独资企业财产不足以清偿债务的,投资人应当以其个人的其他财产予以清偿。独资企业设立时明确以家庭共有财产出资的,应以投资人家庭共有财产清偿个人独资企业无法清偿的债务。同时,清算期间,个人独资企业不得开展与清算目的无关的经营活动。

第五章 企业法

(3) 注销登记 个人独资企业清算结束后,清算人应当编制清算报告,并于15日内到登记机关办理注销登记。经登记机关注销登记后,个人独资企业经营实体资格终止,应当缴回营业执照。

个人独资企业解散后,原投资人对个人独资企业存续期间的债务仍应承担偿还责任,但债权人在5年内未向债务人提出偿债请求的,该责任消灭。

【案例5-6】 李鑫设立了个人独资企业三鑫面粉厂,在设立申请书中载明以家庭共有财产作为个人出资。经营半年后,由于亏损严重,李鑫决定解散企业,在清算中发现企业全部资产还债后,仍欠A公司10万元货款。A公司要求李鑫用家庭共有财产清偿遭到拒绝,李鑫坚持用个人财产3万元清偿,剩余部分以后再还。

问:应该如何清偿A公司的债权?

【解析】 依据法律规定,个人独资企业投资人在申请企业设立登记时明确以其家庭共有财产作为个人出资的,应当依法以家庭共有财产对企业债务承担无限责任。案例中,李鑫应该用家庭共有财产清偿A公司的债权。

第三节 合伙企业

一、合伙企业和合伙企业法

(一)什么是合伙企业

《中华人民共和国合伙企业法》(以下简称《合伙企业法》)第2条规定:"本法所称合伙企业,是指自然人、法人和其他组织依照本法在中国境内设立的普通合伙企业和有限合伙企业。"因此,依照《合伙企业法》的规定,合伙企业有普通合伙企业和有限合伙企业2种。

农村实用经济法规解读

普通合伙企业由普通合伙人组成,合伙人对合伙企业债务承担无限连带责任。无限连带责任是说当普通合伙企业的财产不足以抵偿债务之时,债权人有权要求任何一个合伙人以其个人财产偿还企业无法偿还的债务。

有限合伙企业由普通合伙人和有限合伙人组成,普通合伙人对合伙企业债务承担无限连带责任,有限合伙人以其认缴的出资额为限对合伙企业债务承担责任。《合伙企业法》中对有限合伙企业以及有限合伙人有相应特殊规定的依其特殊规定,如果没有,则适用普通合伙企业以及普通合伙人的规定。

【案例5-7】 张三、李四、王五3人于2010年投资设立宏利食品厂有限合伙企业,张三是有限合伙人,李四、王五是普通合伙人。2013年,宏利食品厂因购买原材料欠大发糖厂20万元,而此时食品厂所有资产只有15万元,欠大发糖厂的债怎么办?

【解析】 宏利食品厂是有限合伙企业,因此普通合伙人对企业债务承担无限连带责任,有限合伙人对企业只承担有限责任。大发糖厂应首先要求宏利食品厂以企业资产15万元偿还,宏利食品厂无法偿还的5万元债务,大发糖厂可以要求李四、王五任何一个合伙人偿还。而张三因其是有限合伙人,是不需要承担继续偿还责任的。

(二)合伙企业的特征

1. 合伙企业由2个以上投资人共同组建 2个以上投资人共同出资组建合伙企业,投资人对企业共同出资、共同经营、共享收益、共担风险。

2. 合伙企业以合伙协议为其存在和运行的基础 合伙企业是典型的人合型企业,存在和运行均需要所有合伙人意见一致为前提,而合伙人一致的意见即为合伙协议。

第五章 企业法

(三)合伙企业法

调整合伙企业的法律规范主要有《合伙企业法》(1997年2月23日通过,2006年8月27日修订。)、《合伙企业登记管理办法》等法律规范。在合伙企业法规应用过程中应注意:合伙企业法适用的是企业形式的合伙,不适用自然人合伙、企业之间合伙联营等。

【案例5-8】 张三、李四、王五3人每人凑了500元钱,一起到小商品城批发了一批春联、福字,到小区门口摆摊出售。春节前,他们进的货顺利的卖掉了,赚了1 000元钱,然而,这笔钱在怎么分的问题上三人出现了争议,解决他们的争议能适用《合伙企业法》吗?

【解析】 不能适用《合伙企业法》的规则,3人虽然是合作盈利的关系,但是他们的合伙关系没有经过工商登记,更没有企业资格,因此虽然是合伙但并不是合伙企业。该情形应适用《民法通则》中关于自然人合伙的规定。

二、合伙企业的设立

(一)合伙企业的设立条件

1. 合伙人符合法定资格和人数　自然人、法人和其他组织均可以成为合伙企业的合伙人。

普通合伙人和创始人有限合伙人为自然人的,要求具有完全民事行为能力,而非创始人的有限合伙人为自然人的则没有行为能力的限制。

国有独资公司、国有企业、上市公司以及公益性的事业单位、社会团体不得成为普通合伙人。

在投资人人数要求上,普通合伙企业要求合伙人应在2人以上;有限合伙企业要求合伙人人数在2人以上,不得超过50人。

2. 有书面合伙协议　合伙协议是由全体合伙人协商一致,就合伙企业组织、行为及合伙人之间的权利义务所达成的对合伙人具有约束力的协议,是合伙企业成立的基础。合伙协议要以书面的形式订立,经全体合伙人签章后生效。因此,合伙协议成立的基础是全体合伙人一致的意思表示。

修改或者补充合伙协议,应当经全体合伙人一致同意;但是,合伙协议另有约定的除外。合伙协议未约定或者约定不明确的事项,由合伙人协商决定;协商不成的,依照《合伙企业法》和其他有关法律、行政法规的规定处理。

【相关法律条款索引】《合伙企业法》第18条:合伙协议应当载明下列事项:①合伙企业的名称和主要经营场所的地点;②合伙目的和合伙经营范围;③合伙人的姓名或者名称、住所;④合伙人的出资方式、数额和缴付期限;⑤利润分配、亏损分担方式;⑥合伙事务的执行;⑦入伙与退伙;⑧争议解决办法;⑨合伙企业的解散与清算;⑩违约责任。

《合伙企业法》第63条针对有限合伙企业的合伙协议进一步规定:合伙协议除符合本法第18条的规定外,还应当载明下列事项:①普通合伙人和有限合伙人的姓名或者名称、住所;②执行事务合伙人应具备的条件和选择程序;③执行事务合伙人权限与违约处理办法;④执行事务合伙人的除名条件和更换程序;⑤有限合伙人入伙、退伙的条件、程序以及相关责任;⑥有限合伙人和普通合伙人相互转变程序。

【案例5-9】 张三、李四、王五3人每人出资10万元于2010年投资设立宏利食品厂有限合伙企业。3人约定,分配利润时,张三得3/5,李四和王五各分得1/5。这种利润分配的约定符合《合伙企业法》的规定吗?

【解析】 合伙协议是合伙企业存续的基础,合伙企业法中也体现了尊重合伙协议的原则,除法律有特别规定的事项外,合伙协议有约定,按照协议的约定。案例中利润和风险分配方式不一定体现公平原则,但不违反法律规定。

第五章 企业法

3. 有合伙人认缴或者实际缴付的出资 《合伙企业法》没有对合伙企业设定最低注册资本的要求,只需要合伙人的出资和合伙企业的经营规模相适应即可。出资可以一次缴清,也可以分期缴付。缴付的时间和方式符合合伙协议的约定即可。

普通合伙人可以用货币、实物、知识产权、土地使用权或者其他财产权利出资,也可以用劳务出资。而有限合伙人只能以财产权出资,不能以劳务出资。

4. 有合伙企业的名称和生产经营场所 在合伙企业名称中不能出现"有限公司"、"股份公司"、"公司"等与企业责任承担形式不一致的字样。同时,名称应做到"名副其实",在名称中标明"普通合伙"、"特殊的普通合伙"、"有限合伙"等字样。

法律、行政法规规定的其他条件。

(二)合伙企业的设立程序

设立合伙企业,应当由全体合伙人指定的代表或者共同委托的代理人向企业登记机关提交相关文件申请设立登记。符合设立条件及登记要求的,登记机关予以登记,发给营业执照。营业执照签发日期即为企业的成立日期,取得营业执照后,即可以以合伙企业的名义从事经营活动了。

合伙企业在成立后,合伙企业设立分支机构,应当向分支机构所在地的企业登记机关申请登记,领取营业执照。合伙企业的企业名称、经营场所等登记事项发生变更的,应向企业登记机关申请办理变更登记。

三、合伙企业的事务管理

(一)合伙企业的事务执行方式

合伙企业的事务执行权,主要指的是对内的经营管理权和对外代表企业进行交易等权利。由于有限合伙人只对企业承担有限责任,因此有限合伙人不参与企业的事务执行。《合伙企业法》规定的合伙企业事务执行方式有以下几种。

1. 全体普通合伙人共同执行企业事务 采用全体普通合伙人共同执行企业事务的企业事务执行方式,每个普通合伙人都拥有对内的经营管理权和对外的代表权。这种事务执行方式一般适合规模比较小,合伙人人数不太多的合伙企业。

2. 委托一名或者几名普通合伙人执行合伙企业事务 被委托执行合伙企业事务的合伙人是执行合伙人,拥有对外代表权和对内经营管理权。其他非执行合伙人对合伙企业有知情权、监督权和撤销委托事务执行权。

3. 委托第三方执行合伙企业事务 如果所有合伙人均不能参与企业的事务执行,可以委托第三方执行企业事务,被委托的第三方在授权范围内拥有对内的经营管理权和对外的代表权。

除合伙协议另有约定外,聘任合伙人以外的人担任合伙企业的经营管理人员应当经全体合伙人一致同意。

合伙企业对执行合伙人、被委托第三方执行合伙事务以及对外代表合伙企业权利的限制,不得对抗善意第三人。

【案例5-10】 甲、乙、丙、丁投资设立一普通合伙企业,约定由甲执行合伙企业事务,对外代表合伙企业,但对外签订2万元以上的合同应经其他合伙人同意。合伙企业在存续期间,甲擅自以合伙企业的名义与A公司签订了3万元的代销合同。A公司对合伙企业内部授权的情况不知情。乙合伙人获知后,认为该合同不符合合伙企业利益,经与丙、丁商议后,即向A公司表示对该合同不予承认,因为甲签订的合同超过了企业给他的授权。甲以合伙企业名义与A公司所签的代销合同是否有效?

【解析】 A公司对合伙企业对甲的职权约束是不知情的,甲又是企业的执行合伙人,因此A公司有理由相信甲有代表企业签订这个合同的权利。即,A公司是与合伙企业交易的善意第三人,合伙企业是不能否认这个合同的,所以该代销合同有效。当

第五章 企业法

然,履行合同一旦给企业造成损失,乙、丙、丁可以向甲追究责任。

(二)合伙企业的决议

合伙人对合伙企业有关事项作出决议,按照合伙协议约定的表决办法办理。合伙协议未约定或者约定不明确的,实行合伙人一人一票并经全体合伙人过半数通过的表决办法。在《合伙企业法》中对合伙企业的表决办法另有规定的,从其规定。

除合伙协议另有约定外,合伙企业的下列事项应当经全体合伙人一致同意:①改变合伙企业的名称;②改变合伙企业的经营范围、主要经营场所的地点;③处分合伙企业的不动产;④转让或者处分合伙企业的知识产权和其他财产权利;⑤以合伙企业名义为他人提供担保;⑥聘任合伙人以外的人担任合伙企业的经营管理人员。

(三)对合伙人的行为限制

普通合伙人不得自营或者同他人合作经营与本合伙企业相竞争的业务。

除合伙协议另有约定或者经全体合伙人一致同意外,普通合伙人也不得同本合伙企业进行交易。

需要注意的是,以上的限制针对的是普通合伙人,除合伙协议另有约定外,有限合伙人是不受此限的。

【案例5-11】 张三、李四、王五开办多美味餐馆有限合伙企业。其中,张三为有限合伙人,出资为店面、设备等;李四、王五是普通合伙人,各以货币10万元出资。合伙企业成立后,生意火爆。在合伙企业经营过程中,张三和李四分别开办了自己的独资企业回头客餐馆和天天来餐馆。问:张三和李四的行为是否符合《合伙企业法》规定呢?

【解析】 根据《合伙企业法》的规定,普通合伙人不得自营或者同他人合作经营与本合伙企业相竞争的业务。李四作为餐馆的普通合伙人,是不能自己再投资开办餐馆的,所以李四的行为不合法。

农村实用经济法规解读

张三是有限合伙人,在合伙协议中并没有不允许有限合伙人从事与本企业相竞争的业务的规定,因此张三的行为是合法的。

(四)有限合伙人对合伙企业事务执行的影响

有限合伙人不执行合伙事务,不得对外代表有限合伙企业。但有限合伙人的下列行为,不视为执行合伙事务:①参与决定普通合伙人入伙、退伙;②对企业的经营管理提出建议;③参与选择承办有限合伙企业审计业务的会计师事务所;④获取经审计的有限合伙企业财务会计报告;⑤对涉及自身利益的情况,查阅有限合伙企业财务会计账簿等财务资料;⑥在有限合伙企业中的利益受到侵害时,向有责任的合伙人主张权利或者提起诉讼;⑦执行事务合伙人怠于行使权利时,督促其行使权利或者为了本企业的利益以自己的名义提起诉讼;⑧依法为本企业提供担保。

第三人有理由相信有限合伙人为普通合伙人并与其交易的,该有限合伙人对该笔交易承担与普通合伙人同样的责任。有限合伙人未经授权以有限合伙企业名义与他人进行交易,给有限合伙企业或者其他合伙人造成损失的,该有限合伙人应当承担赔偿责任。

四、合伙企业的财产和财产份额的处分

(一)合伙企业的财产

合伙人的出资、以合伙企业名义取得的收益和依法取得的其他财产,均为合伙企业的财产。除法律另有规定外,合伙人在合伙企业清算前,不得请求分割合伙企业的财产。

合伙人在合伙企业清算前私自转移或者处分合伙企业财产的,合伙企业不得以此对抗善意第三人。

(二)合伙企业财产份额的处分

在合伙企业的财产份额与合伙企业的财产是两个不同的概念。财产份额是合伙人基于其在合伙企业的出资和合伙协议的约

第五章 企业法

定,对合伙企业享有权利、需要对合伙企业分担亏损的一种身份资格。简单地说,拥有合伙企业财产份额的人就是合伙人,处分在合伙企业中的财产份额,就是处分合伙人的身份和资格。

普通合伙人之间转让在合伙企业中的全部或者部分财产份额时,应当通知其他合伙人。除合伙协议另有约定外,普通合伙人向合伙人以外的人转让其在合伙企业中的全部或者部分财产份额时,须经其他合伙人一致同意。合伙人以外的人依法受让合伙人在合伙企业中的财产份额的,经修改合伙协议即成为合伙企业的合伙人。普通合伙人以其在合伙企业中的财产份额出质的,须经其他合伙人一致同意;未经其他合伙人一致同意的,其行为无效,由此给善意第三人造成损失的,由行为人依法承担赔偿责任。

有限合伙人可以将其在有限合伙企业中的财产份额出质;但是,合伙协议另有约定的除外。有限合伙人可以按照合伙协议的约定向合伙人以外的人转让其在有限合伙企业中的财产份额,但应当提前30日通知其他合伙人。

【案例5-12】 2013年1月1日,刘备、张飞、关羽、赵云4人开办一家有限合伙企业从事长途货运业务。刘备、张飞是有限合伙人,分别为企业出资20万元和车辆;关羽、赵云是普通合伙人,关羽出资10万元,赵云以劳务出资,负责企业的日常事务运营。2013年5月1日,关羽将自己的1/3财产份额转让给了赵云,其他合伙人接到通知后不同意。6月1日,关羽又将剩余财产份额的一半转让给了诸葛亮,张飞、刘备同意,赵云反对。这2次财产份额的转让合法吗?

【解析】 关羽是普通合伙人,将财产份额转让给合伙企业内部的合伙人只需要向其他合伙人发出通知即可,因此,就算张飞和刘备不同意,关羽将财产份额转让给赵云的行为也是合法有效的。

该合伙企业对财产份额的外部转让没有另行约定,因此,应当遵循《合伙企业法》的规则,对外转让须经其他合伙人一致同意。

在赵云反对的情况下,关羽将财产份额转让给诸葛亮是不符合《合伙企业法》的规定的。

五、入伙和退伙

(一)入 伙

入伙是指在合伙企业存续期间,合伙人以外的第三方加入合伙企业,取得合伙人资格的法律行为。

新合伙人入伙,除合伙协议另有约定外,应当经全体合伙人一致同意,并依法订立书面入伙协议。订立入伙协议时,原合伙人应当向新合伙人如实告知原合伙企业的经营状况和财务状况。入伙的新合伙人与原合伙人享有同等权利,承担同等责任。入伙协议另有约定的,从其约定。

新入伙的普通合伙人对入伙前合伙企业的债务承担无限连带责任。新入伙的有限合伙人对入伙前有限合伙企业的债务,以其认缴的出资额为限承担责任。

【案例 5-13】 刘备、张飞、关羽、赵云 4 人开办一家有限合伙企业从事长途货运业务。刘备、张飞是有限合伙人,分别为企业出资 20 万元和价值 10 万元的车辆;关羽、赵云是普通合伙人,关羽出资 10 万元,赵云以劳务出资,价值 5 万元,负责企业的日常事务运营。企业经营期间,刘备建议吸收足智多谋的诸葛亮入伙,张飞和关羽同意,赵云反对。诸葛亮能入伙吗?

【解析】 入伙需要全体合伙人一致同意,因此诸葛亮是不能入伙的。除非三人在合伙协议中对入伙事项另有约定,如"入伙问题执行少数服从多数原则"、"入伙问题由出资最多的人说了算"。

(二)退 伙

退伙是指合伙企业存续期间,合伙人退出合伙企业,从而丧失合伙人资格的法律行为。合伙人退伙有以下 3 种情形。

1. 自愿退伙 自愿退伙指合伙人按照自己的意愿退出合伙

第五章 企业法

企业的行为。

合伙协议约定合伙期限的,在合伙企业存续期间,出现法定事由的,合伙人可以退伙。合伙协议未约定合伙期限的,合伙人在不给合伙企业事务执行造成不利影响的情况下,提前30日通知其他合伙人,也可以退伙。

2. 当然退伙　当然退伙指当出现合伙人死亡、丧失偿债能力、行为能力、合伙人资格等客观情况导致合伙人退伙。

3. 除名退伙　除名退伙指因合伙人有重大过错,其他合伙人的一致要求而被强制退出合伙企业的形式。

合伙人退伙,其他合伙人应当与该退伙人按照退伙时的合伙企业财产状况进行结算,退还退伙人的财产份额。

普通退伙人对基于其退伙前的原因发生的合伙企业债务,承担无限连带责任。有限合伙人退伙后,对基于其退伙前的原因发生的有限合伙企业债务,以其退伙时从有限合伙企业中取回的财产承担责任。

发生退伙后,有限合伙企业仅剩有限合伙人的,应当解散;其仅剩普通合伙人的,转为普通合伙企业。

【案例5-14】　某有限合伙企业有3个合伙人,甲、乙是普通合伙人,丙是有限合伙人,后来丁申请入伙为有限合伙人,当时合伙企业负债15万元。丁入伙以后,合伙企业继续亏损,丁申请退伙,获同意。在丁退伙时,从企业分得10万元。丁退伙后不久,甲也退伙了,从企业分得8万元。不久合伙企业解散,用企业财产清偿债务以后,尚欠25万元不能偿还。问:甲和丁对合伙企业的债务承担多大的责任?

【解析】　甲是普通合伙人,退伙后基于其退伙前的原因发生的合伙企业债务,承担无限连带责任。也就是说,债权人有权要求甲承担企业无法偿还的全部25万元债务。丁是有限合伙人,对基于其退伙前的原因发生的有限合伙企业债务,以其退伙时从有限合伙企业中取回的财产承担责任。因此,丁最多以10万元为限承担债务。

六、合伙企业的利润分配和债务承担

(一)合伙企业的利润分配与亏损分担

合伙企业的利润分配、亏损分担,按照合伙协议的约定办理;合伙协议未约定或者约定不明确的,由合伙人协商决定;协商不成的,由合伙人按照实缴出资比例分配、分担;无法确定出资比例的,由合伙人平均分配、分担。但是,合伙协议不得约定将全部利润分配给部分合伙人或者由部分合伙人承担全部亏损。

(二)合伙企业的债务清偿

合伙企业对其债务,应先以其全部财产进行清偿。合伙企业不能清偿到期债务的,合伙人承担无限连带责任。合伙人由于承担无限连带责任,清偿数额超过约定或者法定的亏损分担比例的,有权向其他合伙人追偿。

合伙人发生与合伙企业无关的债务的,应先以其自有财产清偿;自有财产不足清偿的,该合伙人可以以其从合伙企业中分取的收益用于清偿;债权人也可以依法请求人民法院强制执行该合伙人在合伙企业中的财产份额用于清偿。

人民法院强制执行合伙人的财产份额时,应当通知全体合伙人,其他合伙人有优先购买权;其他合伙人未购买,又不同意将该财产份额转让给他人的,为该合伙人办理退伙结算,或者办理削减该合伙人相应财产份额的结算。

合伙人发生与合伙企业无关的债务,相关债权人不得以其债权抵销其对合伙企业的债务,也不得代位行使合伙人在合伙企业中的权利。因此,要区别对待合伙企业的债务和合伙人的个人债务。

【案例5-15】 王某同赵某、钱某开办了一家普通合伙企业。

企业开办后生意红火,每年有盈利。3年前,王某曾经借朋友张某3万元用于买房,如今借款到期,张某和刘某向王某索要。王某称无力偿还。张某提出代位行使王某在合伙企业中的一部分权利。不久,王某的债权人刘某也向其讨债,王某曾经向刘某借款3万元用于股票投资。正好刘某曾因购销合同欠合伙企业负债3万元没有偿还,于是刘某说:"正好你欠我3万元,我欠你3万元,咱们的债两清了!"问:张某、刘某的要求能否得到法律支持?

【解析】 他们的说法均不能得到法律的支持。王某的债务属于个人债务,合伙人发生与合伙企业无关的债务,相关债权人不得以其债权抵销其对合伙企业的债务,也不得代位行使合伙人在合伙企业中的权利。

七、合伙企业的解散清算

(一)解　散

合伙企业有下列情形之一的,应当解散:①合伙期限届满,合伙人决定不再经营;②合伙协议约定的解散事由出现;③全体合伙人决定解散;④合伙人已不具备法定人数满30天;⑤合伙协议约定的合伙目的已经实现或者无法实现;⑥依法被吊销营业执照、责令关闭或者被撤销;⑦法律、行政法规规定的其他原因。

(二)清　算

合伙企业解散前应该清算,清算程序如下。

1. 确定清算人　清算人由全体合伙人担任;经全体合伙人过半数同意,可以自合伙企业解散事由出现后15日内指定1个或者数个合伙人,或者委托第三人担任清算人。在上述期限内未确定清算人的,合伙人或者其他利害关系人可以申请人民法院指定清算人。

2. 通知公告债权人　清算人自被确定之日起10日内将合伙企业解散事项通知债权人,并于60日内在报纸上公告。债权人应当自接到通知书之日起 30 日内,未接到通知书的自公告之日起 45 日内,向清算人申报债权。债权人申报债权,应当说明债权的有关事项,并提供证明材料。清算期间,合伙企业存续,但不得开展与清算无关的经营活动。

3. 按照顺序清偿 合伙企业财产在支付清算费用后,按照以下顺序清偿:①职工工资、社会保险费用、法定补偿金;②税款;③普通债务;④分配剩余财产。

4. 注销登记 清算结束,清算人应当编制清算报告,经全体合伙人签名、盖章后,在 15 日内向企业登记机关报送清算报告,申请办理合伙企业注销登记。

合伙企业注销后,原普通合伙人对合伙企业存续期间的债务仍应承担无限连带责任。

合伙企业不能清偿到期债务的,债权人可以依法向人民法院提出破产清算申请,也可以要求普通合伙人清偿。合伙企业依法被宣告破产的,普通合伙人对合伙企业债务仍应承担无限连带责任。

第四节 公 司

一、公司与公司法概述

(一)公司的概念与特征

公司是指依照公司法在中国境内设立的有限责任公司和股份有限公司。公司具有以下法律特征:

①在我国允许设立的公司只有有限责任公司和股份有限公司 2 种,不存在其他的组织形式。

②公司拥有独立财产,独立承担责任,享有法人财产权,是企业法人。

③公司及股东(股东即公司的出资人)承担有限责任。有限责

第五章 企业法

任公司的股东以其认缴的出资额为限对公司承担责任;股份有限公司的股东以其认购的股份为限对公司承担责任。公司以全部资产为限对公司债务承担责任,即以破产的形式偿债。

【知识点延伸】

破产是指在债务人不能清偿到期债务时,由法院强制执行其全部财产,公平清偿全体债权人,对于无法偿还的部分依法免除的法律制度。《破产法》规定,破产财产在优先清偿破产费用和共益债务后,依照下列顺序清偿:……破产财产不足以清偿同一顺序的清偿要求的,按照比例分配。

因此,当公司的资产不足以抵偿债务之时,可以通过破产的方式偿债。就是以公司的全部资产偿还其全部债务,无法偿还的部分依法免除。这种有限责任使公司股东的投资风险大大降低了。

【案例5-16】 莉莉与朋友共同成立了"茉莉服装贸易有限公司",她拥有公司94%的股份。公司经营一段时间后,资金紧张,莉莉又将个人的5万元钱借给公司用于公司经营。莉莉的债权人晓东得知莉莉开公司的事情后十分气愤,说:"你欠我的钱不还,还有钱开公司?"于是晓东向法院提起诉讼,要求冻结公司财产来偿还莉莉欠他的债。法院没有支持晓东的诉讼请求。

后来,公司还是由于经营不善而解散。莉莉认为自己是公司的债权人,又是大股东,有权要求公司先偿还借她的钱。而公司其他债权人主张,公司成立后业务与以前无区别,且莉莉拥有几乎全部的股份,所以实质上公司就是莉莉的私人企业,她与公司之间不存在债权债务关系,无权要求公司还她的债,应当优先偿还其他债权人的钱。

请思考:法院为什么不支持晓东的诉讼请求?莉莉和其他债权人关于偿债的说法对不对?

【解析】 法院之所以不支持晓东的诉讼请求,是因为晓东没有认清公司的性质,公司一旦成立便拥有独立的法人资格,具有独立性,是独立于股东的个体。股东的债不能要求公司来偿还,公司的债也不能要求股东还。当然,莉莉在公司的股权属于她的财产权利,如果莉莉的其他资产不足以偿债,晓东可以要求法院强制执行莉莉的股权用于偿债。这个问题在下一节中阐述。

莉莉和其他债权人关于公司偿债的说法均不正确。从债权人这个身份来说,莉莉和其他债权人是一样的,因此公司偿债不存在先后,应统一偿还,如果不够还,应采用破产的方式公平清偿。

(二)公司的分类

1. 以股东对公司所负的责任为标准,公司分为有限责任公司和股份有限公司

(1) 有限责任公司 简称有限公司,是指由法定人数的股东出资组成,股东以其所认缴的出资额为限对公司承担责任,公司以其全部资产对公司债务承担责任的企业法人。《公司法》中对有限责任公司设立要求较低,对组织机构的议事规则设计上简单灵活,比较尊重股东的自身意愿,因此中小型的公司多采用有限责任公司的形式。

(2) 股份有限公司 简称股份公司,是指由法定人数以上的股东共同投资设立,公司资本分为等额股份,股东以其所持股份为限对公司承担责任,公司以其全部资产对公司债务承担责任的企业法人。股份有限公司的股东也是以出资为限对公司承担责任的,其特殊性在于出资要以股份为计算单位。

2. 以公司与公司之间的控制与依附关系为标准,公司可分为母公司和子公司

(1) 母公司 又称控股公司,是指通过拥有另一公司相对多数股份并能实际控制其经营活动的公司。对于拥有多少股份才算控股,在法律中并没有明确规定。

(2) 子公司 又称被控股公司,是指其股份被另一公司持有并受其控制的公司。

母公司虽能控制子公司,但是由于子公司具有企业法人资格,

第五章 企业法

其对子公司不负直接责任,而是以其出资额或所持股份为限对子公司承担责任。

3. 以公司的管辖关系为标准,公司可分为总公司和分公司

(1)总公司 又称本公司,是指在组织上、业务上管辖其他公司的总机构。其具有法人资格。

(2)分公司 是指在组织上、业务上受总公司管辖的分支机构。其不具有法人资格,其经营活动有赖于总公司的意志,也不能独立承担民事责任。

(三)公 司 法

调整公司的法律规范主要是《中华人民共和国公司法》(以下简称为《公司法》)。《公司法》于 1993 年 12 月 29 日第八届全国人民代表大会常务委员会第五次会议通过,此后历次修订和修正。最新《公司法》于 2013 年 12 月 28 日第十二届全国人民代表大会常务委员会第六次会议通过修订,并于 2014 年 3 月 1 日起施行。

除《公司法》外,其他一些法律、行政法规中有关公司的规定,也属于我国公司法律规范的组成部分。比如,有关中外合资经营企业、中外合作经营企业、外资企业的法律和行政法规中关于外商投资的有限责任公司的特别规定,《中华人民共和国商业银行法》中关于商业银行组织方面的特别规定,《中华人民共和国保险法》中关于保险公司的特别规定,《关于股票发行与交易管理暂行条例》中关于股份有限公司股票发行及转让的规定,《中华人民共和国民事诉讼法》和《中华人民共和国企业破产法》中有关公司破产的规定等。

二、公司的设立条件

(一)有限责任公司的设立条件

根据《公司法》第 23 条规定,设立有限责任公司应具备下列条件。

1. 股东符合法定人数 有限责任公司应由 50 个以下的股东

共同出资设立。

国家单独出资、由国务院或者地方人民政府授权本级人民政府国有资产监督管理机构履行出资人职责的有限责任公司是国有独资公司。

一个自然人股东或者一个法人股东设立的有限责任公司是一人有限责任公司。

2. 有符合公司章程规定的全体股东认缴的出资额 普通的公司在注册登记时的注册资本数额及出资的时间要求,只要符合公司章程的规定即可。设立商业银行等特殊的有限公司,对于注册资本的要求要符合相应的特别法规定。

3. 股东共同制定公司章程 公司章程,是公司全体股东依法制定的有关公司组织与活动基本规则的法律文件。公司章程应当由股东在公司章程上签名、盖章方能生效,对公司全体成员均有约束力。

依我国《公司法》第25条的规定,有限责任公司章程应当载明下列事项:公司名称和住所;公司经营范围;公司注册资本;股东的姓名或者名称;股东的出资方式、出资额和出资时间;公司的机构及其产生办法、职权、议事规则;公司法定代表人;股东会会议认为需要规定的其他事项。

4. 有公司名称,建立符合有限责任公司要求的组织机构 公司名称由4个基本要素构成,即行政区划名称、字号、行业或者经营特点、公司所属类型,如"河北鸿天商贸有限责任公司"。有限责任公司的名称经公司登记机关进行预先核准登记才可以使用。

有限责任公司还应当按照《公司法》的有关规定建立组织机构,即股东会、董事会或者执行董事、监事会或者监事以及经营管理机构等。

5. 有公司住所 公司可以有厂房、店面等多处经营场所,但住所地只能有1个。公司住所即公司主要办事机构所在地。公司

第五章 企业法

住所应是一个准确的地址,因为确定公司住所关系到确认合同债务的履行地、诉讼上的地域管辖和诉讼文书送达地等问题。依法经过登记的公司住所具有公示效力,该住所的变更应办理变更登记。

【案例5-17】 张三、李四、王五3人拟设立一有限责任公司,名为河北发达包装箱公司。公司注册资本为20万元。张三、李四二人协商制定了公司章程,并通知了王五。因为对公司的经营场所还有争议,他们决定在章程和营业执照上住所地暂时写"河北省保定市南市区",具体地址等以后确定了再说。问:该有限责任公司设立过程中存在哪些不合法的地方?

【解析】 ①公司名称不对,名称中应有"有限"或者"有限责任"字样。②章程制定程序不对,应由全体股东共同制定。③公司的经营场所应是一个具体的地址,否则无法起到确认债务履行地、诉讼管辖等作用。

(二)股份有限公司的设立条件

根据我国《公司法》第76条的规定,设立股份有限公司,必须具备下列条件。

1. 发起人符合法定人数 股份有限公司发起人是筹办公司设立事务的人。设立股份有限公司,应当有2人以上200人以下为发起人,其中须有半数以上的发起人在中国境内有住所。

2. 有符合公司章程规定的全体发起人认购的股本总额或者募集的实收股本总额 股份有限公司采取发起设立方式设立的,注册资本为在公司登记机关依法登记的全体发起人认购的股本总额。股份有限公司采取募集设立方式设立的,注册资本为在公司登记机关依法登记的实收股本总额。法律、行政法规对股份有限公司注册资本的最低限额有较高规定的,从其规定。

3. 股份发行、筹办事项符合法律规定 关于股份有限公司的股份发行及筹办事项,除了《公司法》中的有关规定外,在《证券法》、《股票发行与交易管理暂行条例》等法律、法规中也做了相关规定。

4. 发起人制定公司章程,采用募集方式设立的经创立大会通过 股份有限公司章程的性质、效力同于有限责任公司,股份有限公司采用发起式设立的由全体发起人制定章程,采用募集式设立的由全体发起人首先制定章程,经创立大会通过方能生效。

《公司法》第81条规定:股份有限公司章程应当载明下列事项:公司名称和住所;公司经营范围;公司设立方式;公司股份总数、每股金额和注册资本;发起人的姓名或者名称、认购的股份数、出资方式和出资时间;董事会的组成、职权和议事规则;公司法定代表人;监事会的组成、职权和议事规则;公司利润分配办法;公司的解散事由与清算办法;公司的通知和公告办法;股东大会会议认为需要规定的其他事项。

5. 有公司名称,建立符合股份有限公司要求的组织机构 股份有限公司,必须在公司名称中标明"股份有限公司"或者"股份公司"字样。

6. 有公司住所

三、公司的设立程序

(一)有限责任公司的设立程序

1. 订立协议与制定公司章程 股东设立公司必须先订立公司章程和协议,以明确将要设立的公司的基本情况以及各方的权利义务。这样既便于公司的规范运作,也便于有关部门的审查批准和登记。签订协议是出资人对于设立公司事项达成的一致约定。

2. 缴纳出资 股东可以用货币出资,也可以用实物、知识产权、土地使用权等可以用货币估价并可以依法转让的非货币财产作价出资;但是,法律、行政法规规定不得作为出资的财产除外。对作为出资的非货币财产应当评估作价,核实财产,不得高估或者

第五章 企业法

低估作价。法律、行政法规对评估作价有规定的,从其规定。

股东应当按期足额缴纳公司章程中规定的各自所认缴的出资额。股东以货币出资的,应当将货币出资足额存入有限责任公司在银行开设的账户;以非货币财产出资的,应当依法办理其财产权的转移手续。

股东不按照规定缴纳出资的,除应当向公司足额缴纳外,还应当向已按期足额缴纳出资的股东承担违约责任。

有限责任公司成立后,发现作为设立公司出资的非货币财产的实际价额显著低于公司章程所定价额的,应当由交付该出资的股东补足其差额;公司设立时的其他股东承担连带责任。

3. 办理设立登记 股东认足公司章程规定的出资后,由全体股东指定的代表或者共同委托的代理人向公司登记机关报送公司登记申请书、公司章程等文件,申请设立登记。

4. 出资证明书及股东名册 有限责任公司成立后,应当向股东签发出资证明书,由公司盖章。出资证明书是股东身份的证明,应当载明下列事项:公司名称;公司成立日期;公司注册资本;股东的姓名或者名称、缴纳的出资额和出资日期;出资证明书的编号和核发日期。

有限责任公司应当置备股东名册,记载下列事项:股东的姓名或者名称及住所;股东的出资额;出资证明书编号。记载于股东名册的股东,可以依股东名册主张行使股东权利。

公司应当将股东的姓名或者名称向公司登记机关登记;登记事项发生变更的,应当办理变更登记。未经登记或者变更登记的,不得对抗第三人。

【案例 5-18】 张三、李四、王五 3 人拟设立一有限责任公司,名为河北发达包装箱有限公司。其中,王五以房产出资 30 万元。公司成立后又吸收赵六入股。后查明,王五作为出资的房产仅值 20 万元,王五现有可执行的个人财产 6 万元。问:根据《公司法》

的规定该案应如何处理？

【解析】 首先王五应用个人财产补足对公司的出资,不足部分由公司成立时的其他两位股东张三和李四补足。

(二)股份有限公司的设立程序

1. 确定公司发起人 股份有限公司的发起人是指依法认购公司应发行股份的一部分或者全部,并承担公司筹建事务的人。股份有限公司的发起人可以是法人,也可以是自然人。发起人在股份有限公司的设立过程中,依法承担如下法律责任:①公司不能成立时,对设立行为所产生的债务和费用负连带责任;②公司不能成立时,对认股人已缴纳的股款,负返还股款并加算银行同期存款利息的连带责任;③在公司设立过程中,由于发起人的过失致使公司利益受到损害的,应当对公司承担赔偿责任。

2. 制定公司章程 股份有限公司的章程必须由全体发起人共同制定,采用募集方式设立的股份有限公司的章程必须经创立大会通过。

3. 股份的认缴和募集 股份有限公司采取发起设立方式设立的,注册资本为在公司登记机关登记的全体发起人认购的股本总额。

在募集设立时,股份有限公司的股本总额分别由发起人认缴和向社会公开募集,其程序较发起设立更为复杂、严格。全体发起人认购的公司股份不得少于公司应发行股份总数的35%,其余部分向社会募集。发起人缴纳股款的方式和要求与发起设立相同。

4. 召开创立大会 股份有限公司是采取募集设立方式设立的,发起人应当自股款缴足之日起 30 日内主持召开公司创立大会。创立大会由发起人、认股人组成。根据《公司法》规定,股份有限公司召开创立大会,由发起人在创立大会召开 15 日前,将会议的日期通知各认股人或者予以公告。创立大会应当有代表股份总数过半数的发起人、认股人出席方可举行,并行使下列职权:①审议发起人关于公司筹办情况的报告;②通过公司章程;③选举董事会成员;④选举监事会成员;⑤对公司设立费用进行审核;⑥对发起人用于抵作股款的财产的作价进行审核;⑦发生不可抗力或者经营条件发生重大变化直接影响公司设立时,可以做出不设立公司的决议。

创立大会就上述事项作出决议,必须经出席会议的认股人所持表决权过半数通过。发起人、认股人缴纳股款或者交付抵作股款的出资后,除未按期募足股份、发起人未按期召开创立大会或者创立大会决议不设立公司的情形外,不得抽回其股本。

(三)申请设立登记

公司机构建立后,董事会应于创立大会结束后30日内,向公司登记机关报送公司登记申请书、公司章程、验资证明等文件,申请设立登记。公司登记机关自接到公司设立申请之日起30日内须做出是否予以登记的决定。

经公司登记机关核准登记并发给《企业法人营业执照》后,公司即成立。

四、公司的组织机构和议事规则

(一)股东会(股东大会)

1. 股东会(股东大会)的性质及职权　有限公司股东会由全体股东组成,是公司的最高权力机构,股份公司中的股东会称为股东大会。

根据《公司法》第37条规定,公司股东会(股东大会),行使下列职权:决定公司的经营方针和投资计划;选举和更换非由职工代表担任的董事、监事,决定有关董事、监事的报酬事项;审议批准董事会的报告;审议批准监事会或者监事的报告;审议批准公司的年度财务预算方案、决算方案;审议批准公司的利润分配方案和弥补亏损方案;对公司增加或者减少注册资本作出决议;对发行公司债

农村实用经济法规解读

券作出决议;对公司合并、分立、解散、清算或者变更公司形式作出决议;修改公司章程;公司章程规定的其他职权。

2. **股东大会会议的形式** 股东会并非公司的常设机构,其职权的行使主要是通过召开股东会会议来实现。股东会会议形式见表1。

表1 有限公司和股份公司股东会会议形式

	有限责任公司股东会	股份有限公司股东大会
会议形式	定期会议和临时会议定期会议	
召开	按照公司章程规定的期限定期召开	每年召开1次
临时会议召开	出现下列事由之一时,公司应当召开临时股东会:代表1/10以上表决权的股东提议时;1/3以上的董事提议时;监事会或者不设监事会的公司的监事提议时	股东大会应当每年召开1次年会。有下列情形之一的,应当在2个月内召开临时股东大会:董事人数不足《公司法》规定人数或者公司章程所定人数的2/3;公司未弥补的亏损达实收股本总额1/3时;单独或者合计持有公司10%以上股份的股东请求时;董事会认为必要时;监事会提议召开时;公司章程规定的其他情形
召开程序要求	按照《公司法》要求的时间和方式提前通知股东	

3. **股东大会决议**

(1)**有限责任公司的股东大会决议** 有限责任公司股东大会会议的决议,一般事项由股东按照出资比例行使表决权;但是,公司章程另有规定的除外。

以下特殊事项必须经代表2/3以上表决权的股东通过:修改公司章程、增加或者减少注册资本的决议,以及公司合并、分立、解

第五章 企业法

散或者变更公司形式。

股东会的议事方式和表决程序,由公司章程规定。股东会应当对所议事项的决定做成会议记录,出席会议的股东应当在会议记录上签名。

【案例 5-19】 小蒙、大国、小梅拟投资设立一家经营乳品的有限公司,公司注册资本 500 万元。小蒙出资 350 万元,大国出资 100 万元,小梅出资 50 万元。三人在协商公司章程内容时,对股东会一般事项的表决问题出现了争议。小蒙提出一般事项过 1/2 股权即可通过;小梅提出所有事项对公司都很重要,要过 100% 股权通过;大国认为,为公平起见,干脆一人一票过半数。他们对于公司一般事项表决规则的设计是否合法?

【解析】 一般事项的表决是指除修改公司章程、增加或者减少注册资本的决议,以及公司合并、分立、解散或者变更公司形式以外其他的公司事项。《公司法》中对有限公司股东会一般事项的表决规则没有规定,因此小蒙、大国、小梅三人提出的股东会一般事项的表决方式都是合法的。但需要注意的是,不同的表决方式对股东们的影响是不同的。小蒙是大股东,在公司占 70% 的出资比例,按照她提出一般事项过 1/2 股权即可通过的方式,小蒙可以做到对公司的绝对控股,大国和小梅则没有任何发言权。小梅提出的要求 100% 股权通过的方式则有利于小股东表达自己的利益诉求,但容易造成公司治理的僵局。大国提出的一人一票过半数的方式也是《公司法》允许的,但可能会遭到出资最多的小蒙的反对。由此可见,《公司法》对有限公司组织机构的要求没有过多的规定,尊重股东自身的意愿,而股东共同制定公司章程的过程就是股东在争取自身对公司权利的过程。

(2) 股份有限公司的股东大会决议 股份有限公司股东大会决议可以分为普通决议和特别决议。普通决议必须经出席会议的股东所持表决权过半数通过;特别决议必须经出席会议的股东所

农村实用经济法规解读

持表决权的 2/3 以上通过。其中,特别决议事项包括:①修改公司章程;②增加或者减少注册资本;③公司合并、分立、解散或者变更公司形式。股东大会应当对所议事项的决定做成会议记录,主持人、出席会议的董事应当在会议记录上签名。会议记录应当与出席股东的签名册及代理出席的委托书一并保存。

【案例 5-20】 鼎福生物化学股份有限公司准备和一家关联企业进行合并,鼎福公司在对合并事项进行股东会表决时,程序如下:该公司共有 7 名股东,接到公司通知后,即有 2 名股东王某、黄某书面表示不赞成,并拒绝到会表决。他们占 20% 股权。开会时,苏某和高某也表示反对,他们的股权占 25%。该合并决议能否得到通过?

【解析】 该合并决议可以得到通过,需要注意的是,股份公司股东会和创立大会表决均以出席会议的股东所持股权作为计算基数,不出席会议的股东是不能行使表决权的。因此,鼎福公司的合并决议可以通过。

(二)董事会

董事会是根据《公司法》和公司章程规定设立的,由董事组成的公司经营决策和业务执行机构。董事会是有限责任公司的常设机构,董事由股东会选举产生,也有一定比例的职工代表。

董事会对股东会负责,依法行使下列职权:召集股东会会议,并向股东会报告工作;执行股东会的决议;决定公司的经营计划和投资方案;制订公司的年度财务预算方案、决算方案;制订公司的利润分配方案和弥补亏损方案;制订公司增加或者减少注册资本以及发行公司债券的方案;制订公司合并、分立、解散或者变更公司形式的方案;决定公司内部管理机构的设置;决定聘任或者解聘公司经理及其报酬事项,并根据经理的提名决定聘任或者解聘公司副经理、财务负责人及其报酬事项;制订公司的基本管理制度;公司章程规定的其他职权。

第五章 企业法

1. 有限责任公司的董事会 有限责任公司的董事会成员为3～13人,设董事长1人,可以设副董事长。股东人数较少或者规模较小的有限责任公司,可以设1名执行董事,不设董事会。执行董事的职权由公司章程规定。董事任期由公司章程规定,但每届任期不得超过3年。董事任期届满,连选可以连任。

有限责任公司的董事会会议由董事长召集和主持;董事长不能履行职务或者不履行职务的,由副董事长召集和主持;副董事长不能履行职务或者不履行职务的,由半数以上董事共同推举1名董事召集和主持。董事会应当对所议事项的决定做成会议记录,出席会议的董事应当在会议记录上签名。董事会决议的表决,实行一人一票制。董事会的议事方式和表决程序,除《公司法》有规定的以外,遵照公司章程规定。

2. 股份有限公司的董事会 股份有限公司董事会由5～19人组成,董事会成员中可以有公司职工代表。董事会设董事长1人,可以设副董事长。董事长、副董事长由董事会以全体董事的过半数选举产生。

股份有限公司的董事会每年度至少召开2次会议,每次会议应当于会议召开10日前通知全体董事和监事。代表1/10以上表决权的股东、1/3以上董事或者监事会,可以提议召开董事会临时会议。董事会会议由董事长召集和主持。董事会会议应有过半数的董事出席方可举行。董事会会议,应由董事本人出席;董事因故不能出席,可以书面委托其他董事代为出席,委托书中应载明授权范围。董事会决议的表决,实行一人一票制。董事会作出决议,必须经全体董事的过半数通过。

董事会应当对会议所议事项的决定做成会议记录,出席会议的董事应当在会议记录上签名。董事应当对董事会的决议承担责任。董事会的决议违反法律、行政法规或者公司章程、股东大会决议,致使公司遭受严重损失的,参与决议的董事对公司负赔偿责

农村实用经济法规解读

任。但经证明在表决时曾表明异议并记载于会议记录的,该董事可以免除责任。

【案例 5-21】 某股份有限公司召开董事会会议,该次会议召开情况及讨论的有关问题如下:

①公司董事会由 7 名董事组成。出席该次会议的董事有王某、张某、李某、陈某;董事何某、孙某、肖某因事不能出席会议,其中:孙某电话委托董事王某代为出席会议并表决,肖某委托董事会秘书杨某代为出席会议并表决。

②根据总经理提名,出席本次会议的董事讨论并一致同意,聘任顾某为公司财务负责人,并决定给予顾某年薪 10 万元;董事会讨论通过了公司内部机构设置的方案,表决时,董事张某反对,其他董事表示同意。

③该次董事会会议记录,由出席董事会会议的全体董事和列席会议的监事签名后存档。

请分析该股份公司董事会召开情况是否合法?

①出席该次会议的董事人数是否符合规定?

②董事孙某、肖某委托他人出席该次董事会会议是否有效?并分别说明理由?

③董事会通过的 2 项决议是否符合规定?并分别说明理由?

④指出第三部分的不规范之处,并说明理由。

【解析】 ①董事会的组成人数及出席人数均合法。②孙某和肖某出席会议无效。董事因故不能出席的,应书面委托其他董事代为出席。③两个表决事项均属于董事会职权,聘任顾某为公司财务负责人过全体董事半数,可以通过。公司内部机构设置的方案未过全体董事半数,不能通过。④董事会会议记录不需监事签名。

(三) 经 理

股份有限公司的经理负责公司的日常经营管理工作。由董事

第五章 企业法

会聘任或者解聘,经理对董事会负责。经理列席董事会会议。

(四)监事会

监事会是公司的内部监督机构,监事会依法行使下列职权:①检查公司财务;②对董事、高级管理人员执行公司职务的行为进行监督,对违反法律、行政法规、公司章程或者股东会决议的董事、高级管理人员提出罢免的建议;③当董事、高级管理人员的行为损害公司的利益时,要求董事、高级管理人员予以纠正;④提议召开临时股东会会议,在董事会不履行本法规定的召集和主持股东会会议职责时召集和主持股东会会议;⑤向股东会会议提出提案;⑥依照《公司法》的规定,对董事、高级管理人员提起诉讼;⑦公司章程规定的其他职权。

我国《公司法》规定,有限责任公司设监事会,其成员不得少于3人。股东人数较少或者规模较小的有限责任公司,可以设1~2名监事,不设监事会。监事会应当包括股东代表和适当比例的公司职工代表,其中职工代表的比例不得低于1/3,具体比例由公司章程规定。监事会中的职工代表由公司职工通过职工代表大会、职工大会或者其他形式民主选举产生。董事、高级管理人员不得兼任监事。监事的任期每届为3年。监事任期届满,连选可以连任。

股份有限公司设监事会,且其成员不得少于3人。监事会应当包括股东代表和适当比例的公司职工代表,其中职工代表的比例不得低于1/3,具体比例由公司章程规定。董事、高级管理人员不得兼任监事。监事会每6个月至少召开1次会议。监事可以提议召开临时监事会会议。监事会决议应当经半数以上监事通过。监事会应当对所议事项的决定做成会议记录,出席会议的监事应当在会议记录上签名。

【知识点延伸】

《公司法》第146条:有下列情形之一的,不得担任公司的董事、监事、高级管理人员:①无民事行为能力或者限制民事行为能

农村实用经济法规解读

力;②因贪污、贿赂、侵占财产、挪用财产或者破坏社会主义市场经济秩序,被判处刑罚,执行期满未逾5年,或者因犯罪被剥夺政治权利,执行期满未逾5年;③担任破产清算的公司、企业的董事或者厂长、经理,对该公司、企业的破产负有个人责任的,自该公司、企业破产清算完结之日起未逾3年;④担任因违法被吊销营业执照、责令关闭的公司、企业的法定代表人,并负有个人责任的,自该公司、企业被吊销营业执照之日起未逾3年;⑤个人所负数额较大的债务到期未清偿。

公司违反前款规定选举、委派董事、监事或者聘任高级管理人员的,该选举、委派或者聘任无效。

董事、监事、高级管理人员在任职期间出现本条第一款所列情形的,公司应当解除其职务。

《公司法》第148条:董事、高级管理人员不得有下列行为:①挪用公司资金;②将公司资金以其个人名义或者以其他个人名义开立账户存储;③违反公司章程的规定,未经股东会、股东大会或者董事会同意,将公司资金借贷给他人或者以公司财产为他人提供担保;④违反公司章程的规定或者未经股东会、股东大会同意,与本公司订立合同或者进行交易;⑤未经股东会或者股东大会同意,利用职务便利为自己或者他人谋取属于公司的商业机会,自营或者为他人经营与所任职公司同类的业务;⑥接受他人与公司交易的佣金归为己有;⑦擅自披露公司秘密;⑧违反对公司忠实义务的其他行为。

董事、高级管理人员违反前款规定所得的收入应当归公司所有。

五、股东股权的转让

(一)有限责任公司股权的转让

有限责任公司成立后,股东不得抽逃出资,但可以依法转让出

第五章 企业法

资。根据《公司法》的规定其出资的转让方式可以分为以下4种。

1. 股东自愿转让 有限责任公司股东之间可以自由相互转让其全部或者部分股权。但是股东向股东以外的人转让股权,应当符合下列条件。

①经其他股东过半数同意。股东应就其股权转让事项书面通知其他股东征求同意,其他股东自接到书面通知之日起满30日未答复的,视为同意转让。其他股东半数以上不同意转让的,不同意的股东应当购买该转让的股权;不购买的,视为同意转让。

②经股东同意转让的股权,在同等条件下,其他股东有优先购买权。2个以上股东主张行使优先购买权的,协商确定各自的购买比例;协商不成的,按照转让时各自的出资比例行使优先购买权。

③公司章程对股权转让另有规定的,从其规定。

2. 法院强制转让 人民法院依照法律规定的强制执行程序转让股东的股权时,应当通知公司及全体股东,其他股东在同等条件下有优先购买权。其他股东自人民法院通知之日起满20日不行使优先购买权的,视为放弃优先购买权。人民法院可以依法转让给其他购买人。

3. 公司股权回购 一般情况下,公司不得回购本公司的股份,但是为了维护少数股东的权益,《公司法》设置了股东的股权回购请求权。法律规定有下列情形之一的,对股东会该项决议投反对票的股东可以请求公司按照合理的价格收购其股权:①公司连续5年不向股东分配利润,而公司该5年连续盈利,并且符合本法规定的分配利润条件的;②公司合并、分立、转让主要财产的;③公司章程规定的营业期限届满或者章程规定的其他解散事由出现,股东会会议通过决议修改章程使公司存续的。如果自股东会会议决议通过之日起60日内,股东与公司不能达成股权收购协议的,股东可以自股东会会议决议通过之日起90日内向人民法院提起诉讼。

4. 股东资格的继承 有限责任公司自然人股东死亡后,其合法继承人可以继承股东资格;但是,公司章程另有规定的除外。因此,为公司的稳定运营,股东可以在章程中对股东资格继承问题进行特殊规定,如:"自然人股东死亡后,是否继承人能否继承股东资格由股东会表决决定,如股东会表决不能通过,则由其他股东购买该继承股权。"

(二)股份有限公司股权的转让

股份有限公司发行的股票,可以为记名股票,也可以为无记名股票。股东持有的股份可以依法转让。股东转让其股份,应当在依法设立的证券交易场所进行或者按照国务院规定的其他方式进行。

记名股票由股东以背书方式或者法律、行政法规规定的其他方式转让;转让后由公司将受让人的姓名或者名称及住所记载于股东名册。

无记名股票的转让,由股东将该股票交付给受让人后即发生转让的效力。

六、一人有限责任公司

一人有限责任公司,是指只有一个自然人股东或者一个法人股东的有限责任公司。一人有限责任公司也是有限公司,基于其只有1个投资者,《公司法》对其有以下特殊规定。

(一)股东责任的特殊性

公司属于有限责任公司,股东的责任以出资额为限。但是如果一人有限责任公司的股东不能证明公司财产独立于股东自己的财产的,应当对公司债务承担连带责任。

(二)设立数量受到限制

一个自然人只能投资设立1个一人有限责任公司,而且该一人有限责任公司不能投资设立新的一人有限责任公司。注意,对于设立数量的限制只针对自然人设立的一人有限公司。

第五章 企业法

(三)组织机构特殊性

一人有限责任公司不设股东会。股东做出决定公司的经营方针和投资计划决定时,应当采用书面形式,并由股东签名后置备于公司。一人有限责任公司应当在每一会计年度终了时编制财务会计报告,并经会计师事务所审计。

七、公司的合并和分立

(一)公司的合并

公司合并是指2个以上的公司依照法定程序变为一个公司的行为。

其形式有吸收合并和新设合并2种。吸收合并是指2个或2个以上的公司合并后,其中一个公司(吸收方)存续,而其余公司(被吸收方)均归于消灭的法律行为。新设合并是指2个或2个以上的公司合并成立一个新公司,原合并各方归于消灭的法律行为。

根据《公司法》规定,公司合并应由合并各方签订合并协议,编制资产负债表及财产清单,参与合并的公司股东会分别对合并事宜做出决议;通知并公告债权人并办理登记。合并各方的债权、债务,应当由合并后存续的公司或者新设的公司承继。

(二)公司的分立

公司的分立是指一个公司依法分为2个或2个以上公司的法律行为。公司分立,应当编制资产负债表及财产清单。公司应当自做出分立决议之日起10日内通知债权人,并于30日内在报纸上公告。

公司分立,其财产作相应的分割。公司分立前的债务由分立后的公司承担连带责任。但是,公司在分立前与债权人就债务清偿达成的书面协议另有约定的除外。

农村实用经济法规解读

八、公司的解散清算

(一)公司的解散原因

根据我国《公司法》规定,公司解散的原因主要有:公司章程规定的营业期限届满或者公司章程规定的其他解散事由出现;股东会或者股东大会决议解散;因公司合并或者分立需要解散;依法被吊销营业执照、责令关闭或者被撤销;公司经营管理发生严重困难,继续存续会使股东利益受到重大损失,通过其他途径不能解决的,持有公司全部股东表决权10%以上的股东,请求人民法院解散公司。

(二)公司解散时的清算程序

①组成清算组。
②在法定时间内通知并公告债权人。
③债权人在法定时间内登记债权。
④清理公司财产,制订清算方案。
⑤清偿债务。
公司财产应当优先拨付清算费用后,按照下列顺序清偿:职工的工资、社会保险费用和法定补偿金;缴纳所欠税款;清偿公司债务。公司财产按照上述顺序清偿后,如有剩余财产,有限责任公司按照股东的出资比例分配,股份有限公司按照股东持有的股份比例分配。
⑥注销登记并公告。

第六章 市场规制法

第一节 反不正当竞争法

一、不正当竞争概述

(一)不正当竞争的含义

经营者的竞争应当在国家法律法规允许的范围之内,遵守社会公认的商业道德和规则。不正当竞争是指经营者违反我国关于竞争的法律规则,损害其他经营者的合法权益,扰乱社会经济秩序的行为。

(二)不正当竞争行为的特点

1. 主体是市场经营者 市场经营者是包括第五章讲到的企业,也包括不具备企业资格的个体工商户、合伙组织等。

2. 行为的违法性 判断经营者的行为是否属于不正当行为,主要是看该行为是否符合反不正当法律制度规定的具体要件。

3. 双重危害性 不正当竞争行为不但危害其他竞争者的合法权益,同时也扰乱了正常的市场竞争秩序。

二、调整不正当竞争行为的立法

调整不正当竞争行为的法律规范主要是《中华人民共和国反不正当竞争法》(以下简称《反不正当竞争法》)及有关的司法解释。

垄断行为是市场经济主体排除或者限制市场竞争的行为,也就是说经营者在本行业占有独占地位。垄断行为是一种特殊的不正当竞争行为,针对这一行为2007年我国通过了《中华人民共和国反垄断法》(以下简称《反垄断法》)。《反垄断法》也属于调整竞争行为的法律规范。

此外,《专利法》、《商标法》、《产品质量法》、《消费者权益保护法》等法律规范中均有调整不正当竞争行为的规则,从广义上来说,这些法律规范均属于《反不正当竞争法》的范畴。

三、不正当行为的表现形式

《反不正当竞争法》主要规定了以下11种不正当竞争行为。

(一)假冒仿冒行为

假冒仿冒行为是指经营者通过假冒、仿冒其他经营者的商品包装、装潢、名称等因素,或者伪造冒用认证标志造成消费者对该经营者提供的产品或者服务品质的误认。

《反不正当竞争法》第5条规定,经营者不得采用下列不正当手段从事市场交易,损害竞争对手:

①假冒他人的注册商标;

②擅自使用知名商品特有的名称、包装、装潢,或者使用与知名商品近似的名称、包装、装潢,造成和他人的知名商品相混淆,使购买者误认为是该知名商品;

③擅自使用他人的企业名称或者姓名,引人误认为是他人的商品;

④在商品上伪造或者冒用认证标志、名优标志等质量标志,伪造产地,对商品质量做引人误解的虚假表示。

【知识点延伸】

知名商品是指在中国境内具有一定的市场知名度,为相关公众所知悉的商品。判断一个商品是否属于知名商品,应综合考虑该商品的销售时间、销售区域、销售额和销售对象,进行任何宣传的持续时间、程度和地域范围,作为知名商品受保护的情况等因

第六章 市场规制法

素,进行综合判断。原告应当对其商品的市场知名度负举证责任。

在不同地域范围内使用相同或者近似的知名商品特有的名称、包装、装潢,在后使用者能够证明其善意使用的,不构成不正当竞争行为。

(二)滥用独占地位限制竞争的行为

滥用独占地位限制竞争行为是指公用企业或者其他依法具有独占地位的经营者,限定他人购买其指定的经营者的商品,以排挤其他经营者的公平竞争的行为。公用企业是指邮政、电信、供电、供水、供气、供热、公共交通等企业;其他依法具有独占地位的经营者指的是公用企业以外的,由法律、法规、规章或者其他合法的规范性文件赋予其从事特定商品(包括服务)独占经营资格的经营者,如烟草专卖企业、保险公司等。

(三)行政垄断行为

行政垄断行为是指政府及其所属部门滥用行政权力,限定他人购买其指定的经营者的商品,限制其他经营者正当的经营活动,或者滥用行政权力,限制外地商品进入本地市场,或者本地商品流向外地市场的行为。

(四)商业贿赂行为

商业贿赂行为是指经营者采用财物或者其他手段进行贿赂以销售或者购买商品。在账外暗中给予对方单位或者个人回扣的,以行贿论处;对方单位或者个人在账外暗中收受回扣的,以受贿论处。

经营者销售或者购买商品,可以以明示方式给对方折扣,可以给中间人佣金。经营者给对方折扣、给中间人佣金的,必须如实入账。接受折扣、佣金的经营者必须如实入账。

(五)虚假宣传行为

虚假宣传行为是指经营者利用广告或者其他方法,对商品的

农机实用经济法规解读

质量、制作成分、性能、用途、生产者、有效期限、产地等做引人误解的虚假宣传以及广告的经营者在明知或者应知的情况下,代理、设计、制作、发布虚假广告的行为。

(六)侵犯商业秘密行为

商业秘密,是指不为公众所知悉、能为权利人带来经济利益、具有实用性并经权利人采取保密措施的技术信息和经营信息。商业秘密是权利人所合法拥有的一种无形资产,能为权利人带来巨额的经济利益。

侵犯商业秘密行为是指以不正当手段获取、披露、使用权利人的商业秘密的行为。《反不正当竞争法》规定,经营者不得采用下列手段侵犯商业秘密:①以盗窃、利诱、胁迫或者其他不正当手段获取权利人的商业秘密;②披露、使用或者允许他人使用以前项手段获取的权利人的商业秘密;③违反约定或者违反权利人有关保守商业秘密的要求,披露、使用或者允许他人使用其所掌握的商业秘密;④第三人明知或者应知前款所列违法行为,获取、使用或者披露他人的商业秘密,视为侵犯商业秘密。

(七)低于成本价排挤竞争对手行为

低于成本价排挤竞争对手行为,是指经营者以排挤竞争对手为目的,以低于成本的价格销售商品的行为。

只有以排挤竞争对手为目的的低于成本价销售商品的行为才是不正当竞争,《反不正当竞争法》规定,有下列情形之一低于成本价销售的,不属于不正当竞争行为:①销售鲜活商品;②处理有效期限即将到期的商品或者其他积压的商品;③季节性降价;④因清偿债务、转产、歇业降价销售商品。

(八)附条件交易及搭售行为

附条件交易及搭售行为是指经营者销售商品,违背购买者的意愿搭售商品或者附加其他不合理的条件的行为。

第六章 市场规制法

(九)欺骗性有奖销售行为

欺骗性有奖销售行为,是指经营者在市场交易过程中,以向消费者提供金钱、实物等奖励的名义,实则采取欺骗或者其他非法手段推销商品、损害消费者或其他经营者的权益。

《反不正当竞争法》规定:"经营者不得从事下列有奖销售:①采用谎称有奖或者故意让内定人员中奖的欺骗方式进行有奖销售;②利用有奖销售的手段推销质次价高的商品;③抽奖式的有奖销售,最高奖的金额超过5 000元。"

【案例6-1】 某品牌饮料开展抽奖式有奖销售活动,一等奖是某著名品牌的跑车免费试驾2个月。该有奖销售行为是否符合法律要求?

【解析】 反不正当竞争法规定,抽奖式有奖销售最高奖金额不得超过5 000元。跑车试驾2个月活动是否超过5 000元要根据该款跑车的市场价格、租车价格等因素综合考虑。

(十)商业诽谤行为

商业诽谤行为,是指经营者或者其唆使、收买的其他人,通过书面诽谤或口头诽谤的方式,捏造、散布虚假事实,损害竞争对手的商业信誉、商品声誉的行为。

【案例6-2】 某品牌洗衣粉厂家为宣传自己的产品,在各大电视台大量投放广告。广告侧重宣传该品牌的洗衣粉洗净力强,在广告中,将该品牌洗衣粉与市场上某知名品牌的洗衣粉进行对比,意图突出该品牌洗衣粉的洗净力比某知名品牌的洗衣粉洗净力还强。这种宣传方式是否存在问题?

【解析】 该宣传方式不合法。在宣传自己产品的同时贬低他人的产品,也属于损害竞争对手商业信誉的行为。

(十一)串通招标投标行为

串通招标投标行为,是指招标者与投标者之间,或者投标者与

农村实用经济法规解读

投标者之间采用不正当手段,对招标、投标事项进行串通,以排挤竞争对手或者损害招标者利益的行为。如投标者之间相互约定,一致抬高或者压低投标报价;投标者之间相互约定,在招标项目中轮流以高价位或者低价位中标;招标人向某投标人泄露其招标底价。

四、违反《反不正当竞争法》的法律责任

(一)民事责任

民事责任是实施不正当竞争行为的经营者对利益被侵害的竞争者的赔偿,主要包括停止侵害和赔偿损失2个方面。

经营者违反本法规定,给被侵害的经营者造成损害的,应当承担损害赔偿责任,被侵害的经营者的损失难以计算的,赔偿额为侵权人在侵权期间因侵权所获得的利润;并应当承担被侵害的经营者因调查该经营者侵害其合法权益的不正当竞争行为所支付的合理费用。

(二)行政责任

针对主要的不正当竞争行为,法律规定了相应的行政责任。包括强制行为人停止不正当竞争行为、没收非法所得、处以罚款、吊销营业执照。

(三)刑事责任

不正当竞争行为情节严重,造成重大损失的,应当承担刑事责任。我国《刑法》中规定了侵害他人商业信誉、商品声誉罪,虚假广告罪,串通投标罪,侵犯商业秘密罪。

第二节 消费者权益保护法

一、谁是消费者

消费者是指为了生活需要购买、使用商品或者接受服务的个

第六章 市场规制法

体社会成员。判断一个主体是否属于消费者,要考虑以下几个要素。

首先,应判断其消费行为是否出于生活需要,如果是因生产性的需要则不能被视为消费者。但是,《消费者权益保护法》中对于农民群体有一个特殊规定,农民的生产性消费也受《消费者权益保护法》的调整。

其次,商品的购买者属于消费者,商品的使用者也属于消费者。因此,判断一个主体是否属于消费者,不要求该主体和经营者之间一定有合同关系。例如,某男士购买一双皮鞋送给自己的妻子,妻子和出售皮鞋的商家没有合同关系,但她是皮鞋的使用者,她也属于消费者。

最后,服务业的范围较为广泛,维修、保管、运输、网络、信息等行业均属于服务业的范畴。

【案例 6-3】 请分析以下群体是否属于消费者:①集邮者、古玩字画的购买者;②患者;③商品房的购买者;④知假买假者。

【解析】

①消费者指的是"为了生活需要购买、使用商品或者接受服务的个体社会成员。"商品,既包括为生存需要购买的商品,也包括为发展需要甚至是享受需要而购买的商品。集邮、购买古玩字画等行为出于购买者的个人爱好,只要交易对象是经营者,即可认为是消费者,其行为受《消费者权益保护法》调整。如果邮票、古玩、字画的交易对象不是经营者而是个人,则购买者不属于消费者,其购买行为只受《合同法》等法律规范调整。

②患者是否属于消费者的问题,存在着较大的争议。由于医患关系涉及的法律环节比较复杂,因此我国颁布了专门处理医患纠纷的一系列法律规范,一般不直接适用《消费者权益保护法》的规则。

③购买商品房也属于消费行为,因此商品房的购买者也属于

消费者;同理,从房地产的业主与物业公司的关系来看,房地产业主接受物业公司有偿的物业服务,也属于消费者。

④知假买假者,即明知经营者出售的商品是假货仍旧购买,再利用《消费者权益保护法》中"假一赔三"规则要求经营者加倍赔偿,以此获利的群体。一般在司法实践中,如果不能证明知假买假者存在欺诈行为(如暗中用假货换真货),经营者提供的商品的确是假货,则知假买假的群体也属于消费者,适用《消费者权益保护法》的规则。

二、维护消费者权益的法律依据

一般来说,维护消费者权益的法律依据主要指的是《消费者权益保护法》法规,但是维护消费者权益的法律依据不仅限于此,维护消费者权益的法律依据如下。

(一)《民法通则》、《合同法》等法律规范

消费者的消费行为属于民事行为,且是通过和商家签订购买商品的合同或者接受服务的合同来实现的。因此,调整一般民事行为、民事合同的《民法通则》、《合同法》中有关规则可以作为维护消费者权益的法律依据。

(二)《消费者权益保护法》

《消费者权益保护法》1993年10月31日第八届全国人民代表大会常务委员会第四次会议通过,2009年、2013年先后进行了2次修正。《消费者权益保护法》是保护消费者权益的主要法律依据,其中规定了消费者的权利、经营者的义务、消费者维权的方法以及法律责任等内容。

(三)《消费者权益保护法》的特别法

《民用航空法》、《铁路法》、《食品安全法》等法规调整的是消费行为的某一个领域,属于《消费者权益保护法》的特别法,其中也包括了维护消费者权益的具体规则。当这些特别法的规则与《消费

第六章 市场规制法

者权益保护法》不一致时,以特别法规定的规则为准。

三、消费者的权利

我国的《消费者权益保护法》具体规定了消费者应享有以下9项权利。

(一)安全权

消费者在购买、使用商品和接受服务时享有人身、财产安全不受侵犯,消费者有权要求经营者提供的商品和服务,符合保障人身、财产安全的要求。对于安全权的要求,既包括人身安全权也包括财产安全权,既包括消费品本身的安全,也包括消费环境的安全。

要判断经营者的行为是否侵犯了消费者的安全权,是要看经营者提供的产品和服务是够能否保证消费者最基本的安全性的要求。

【案例6-4】 请判断商家的以下行为,是否侵害了消费者的安全权:①小王在家具城购买了一把转椅。一天,小王正在转椅上学习,忽然转椅液压杆部分爆炸,造成小王受伤。②小李到酒店住宿,没有带身份证,工作人员说:"算了,我随便给你登记个号码得了"。③小赵跟团到海南旅游,途中单反相机被偷了,小赵认为旅行社侵犯了自己的财产安全权,应该赔偿损失。

【解析】 ①家具城提供的转椅不符合产品安全性的基本要求,造成了小王的人身伤害,侵犯了小王的安全权。②酒店作为消费场所,应保证酒店内所有消费者的安全,对每一个顾客身份进行登记是酒店应尽的义务。酒店不认真核实入住者身份,侵犯了在酒店住宿的其他顾客的安全权。如果由于酒店的这一行为造成其他顾客的人身、财产损失,酒店是要赔偿的。③旅行社是否侵害了小赵的财产安全权,要看小赵的单反相机是否在其控制的范围之内。一般来说,相机、手机、钱包等物品在顾客的控制范围之内,旅

农村实用经济法规解读

行社不能随意施加影响,旅行社只要尽到了基本的提醒义务,是不需要承担赔偿责任的,即旅行社没有侵犯小赵的财产安全权。当然,如果小赵把相机交给旅行社保管而丢失,小赵是可以以财产安全权被侵犯为由主张赔偿的。

(二)知情权

消费者享有知悉其购买、使用的商品或者接受的服务的真实情况的权利。消费者有权根据商品或者服务的不同情况,要求经营者提供商品的价格、产地、生产者、用途、性能、规格、等级、主要成分、生产日期、有效期限、检验合格证明、使用方法说明书、售后服务或者服务的内容、规格、费用等有关情况。

尊重消费者的知情权,要求经营者提供的产品和服务的信息真实、准确、全面、完整。经营者不能避重就轻,也不能"报喜不报忧"。而消费者了解有关产品和服务的信息渠道也应当是通畅的,经营者应通过宣传介绍、说明书、在产品上附加标识等方式使消费者全面了解产品信息。

【案例6-5】 大周在某汽车销售服务公司购买了一辆别克轿车,提车时大周发现这辆车的维修保养手册中填写的提车日期、汽车起始公里数与实际不符,连客户签名也不是自己的名字。对此,汽车销售公司解释说:"没关系,这是我们公司内部提车流程的问题,跟您没有关系,您就别管了,放心提车吧。"请问汽车销售公司的说法正确吗?

【解析】 汽车销售商提供给消费者的维修保养手册中记载的信息应与提车时的实际情况相一致,否则新车在以后保养和维修过程中都可能遇到问题。汽车销售服务公司以内部流程为由没有告知大周关于汽车的真实信息,是侵犯消费者知情权的表现。

(三)自主选择权

消费者有权自主选择商品或者服务的经营者,自主选择商品

第六章 市场规制法

品种或者服务方式,自主决定购买或者不购买任何一种商品、接受或者不接受任何一项服务。与此同时,消费者在自主选择商品或者服务时,有权进行比较、鉴别和挑选。

【案例6-6】 某日,大周将自己的别克轿车开到一家4S店保养,工作人员说:"今天给车做保养的人挺多,要不您把车放在这儿,明天再来取好了。"大周答应了。第二天来取车时,大周发现,4S店不仅对他的车进行了保养,还把机油滤芯、活塞环活塞、气门套管、水泵等部件都换成了全新的进口名牌产品,价格不菲。大周很不高兴,问工作人员:"我并没有叫你们更换这些零件啊,你们怎么不提前与我商量一下?"工作人员回答说:"您昨天也没说更换这些零件需要您同意啊。"工作人员的说法对吗?

【解析】 工作人员的说法不对,4S店的行为显然侵犯了消费者大周的自主选择权。

几年来新兴的网购、电视购物等购物方式,消费者在交易时无法直观地了解产品的情况,对此,《消费者权益保护法》中做了特殊的规定。

《消费者权益保护法》第25条规定,经营者采用网络、电视、电话、邮购等方式销售商品,消费者有权自收到商品之日起7日内退货,且无须说明理由,但下列商品除外:①消费者定做的;②鲜活易腐的;③在线下载或者消费者拆封的音像制品、计算机软件等数字化商品;④交付的报纸、期刊。除前款所列商品外,其他根据商品性质并经消费者在购买时确认不宜退货的商品,不适用无理由退货。

消费者退货的商品应当完好。经营者应当自收到退回商品之日起7日内返还消费者支付的商品价款。退回商品的运费由消费者承担;经营者和消费者另有约定的,按照约定。

(四)公平交易权

消费者在购买、使用商品或者接受服务时,有权获得质量保

农村实用经济法规解读

障、价格合理、计量正确等公平交易条件,有权拒绝经营者的强制交易行为。

【案例6-7】 小姜在芙蓉园小区购买了一套100米^{2}的商品房,每平方米1万元。交房后经专业机构测量,小姜的住房仅有90米^2,白白缩水了10米^2。小毛在玫瑰园小区购买的商品房则恰恰相反,小毛购买的也是1套100米^{2}的住房,每平方米1万元,交房后经测量该套房屋有110米^2,开发商要求小毛补交10米^{2}的房款共计10万元。小姜和小毛应该怎么办?

【解析】 案例中,芙蓉园和玫瑰园两个小区的开发商均没有尊重消费者的公平交易权,他们提供的商品房不符合"计量正确"的要求,造成了消费者的损失。

对于商品房"缩水"和"涨水"的现象,《最高人民法院关于审理商品房买卖合同纠纷案件适用法律若干问题的解释》第14条规定:出卖人交付使用的房屋套内建筑面积或者建筑面积与商品房买卖合同约定面积不符,合同有约定的,按照约定处理;合同没有约定或者约定不明确的,按照以下原则处理:①面积误差比绝对值在3%以内(含3%),按照合同约定的价格据实结算,买受人请求解除合同的,不予支持;②面积误差比绝对值超出3%,买受人请求解除合同、返还已付购房款及利息的,应予支持。买受人同意继续履行合同,房屋实际面积大于合同约定面积的,面积误差比在3%以内(含3%)部分的房价款由买受人按照约定的价格补足,面积误差比超出3%部分的房价款由出卖人承担,所有权归买受人;房屋实际面积小于合同约定面积的,面积误差比在3%以内(含3%)部分的房价款及利息由出卖人返还买受人,面积误差比超过3%部分的房价款由出卖人双倍返还买受人。

因此,小姜房屋缩水的10米^2,3%以内的开发商要返还小毛3万元,3%以上的7米^2,开发商要返还14万元。小毛共计得到17万元的赔偿。小毛房屋涨水的10米^2,小毛只需要支付3%之

第六章 市场规制法

内的3万元房款即可。当然,小姜和小毛也可以主张解除合同,返还房款及利息。

(五)获得赔偿权

消费者因购买、使用商品或者接受服务受到人身、财产损害的,享有依法获得赔偿的权利。

《消费者权益保护法》第55条规定,经营者提供商品或者服务有欺诈行为的,应当按照消费者的要求增加赔偿其受到的损失,增加赔偿的金额为消费者购买商品的价款或者接受服务的费用的3倍;增加赔偿的金额不足500元的,为500元。法律另有规定的,依照其规定。

(六)结社权

消费者享有依法成立维护自身合法权益的社会团体的权利。当前维护消费者合法权益的社会团体主要是消费者协会。消费者协会简称消协,中国消费者协会是1984年经国务院批准成立的。到目前为止,全国县以上消费者协会已经达到3000个以上,对于维护消费者权益发挥了重要作用。

(七)知识获得权

消费者有权获得有关消费和消费者权益保护方面的知识的权利。知识包括有关商品和服务的知识,这主要是由商家提供的,也包括维护消费者权益方面的知识,由通过相关部门的和媒体的宣传获得。

(八)人格尊严和民族风俗习惯受尊重权

消费者在购买、使用商品或者接受服务时,享有其人格尊严、民族风俗习惯得到尊重的权利。

【案例6-8】 某日小胡去超市购物,正当小胡拿着购物清单选购商品时,两个超市工作人员冲上来夺走了他的购物清单撕了粉碎,并不由分说将其赶出超市。小胡十分气愤,向消协投诉了该

农村实用经济法规解读

超市,超市解释说,以为是竞争对手到超市来记商品价格,所以才对小胡有以上行为,小胡拿着纸、笔寻找商品的动作很容易使人误会。

【解析】 超市的行为严重侵害了小胡的人格尊严,是严重的侵权行为,应承担相应的法律责任。此外,商家对于顾客搜身行为、语言上的侮辱行为等均属于侵犯消费者人格尊严的行为。

(九)监督权

消费者享有对商品和服务以及保护消费者权益的工作进行监督的权利。消费者有权检举、控告侵害消费者权益的行为和国家机关及其工作人员在保护消费者权益工作中的违法失职行为,有权对保护消费者权益工作提出批评、建议。

四、经营者的义务

《消费者权益保护法》规定了经营者应承担以下10项义务。

(一)守法履约的义务

经营者在向消费者提供商品或者服务的过程中,应当依照《产品质量法》、《中华人民共和国食品安全法》以及其他有关法律、法规的规定履行其自身义务。此外,经营者与消费者之间有约定的,应当按照约定履行义务,但双方的约定不能违反相关法律、法规的规定。

(二)接受监督的义务

经营者应当积极、主动听取消费者对其提供的商品或者服务的意见,接受消费者的监督。经营者主动接受监督,既可以赢得消费者的信赖,又可以获取有价值的市场信息,促进产品的升级换代或者进一步提升服务质量,从而实现真正意义上的"双赢"。

(三)保证商品或服务安全的义务

经营者应当保证其提供的商品或者服务符合保障人身、财产

第六章 市场规制法

安全的要求。对可能危及人身、财产安全的商品和服务,经营者应当向消费者做出真实的说明和明确的警示,并说明和标明正确使用商品或者接受服务的方法以及防止危害发生的方法。如果经营者发现其提供的商品或者服务存在严重缺陷,即使正确使用商品或者接受服务仍然可能对人身、财产安全造成危害的,应当立即向有关行政部门报告和告知消费者,并积极采取防止危害发生的方法和措施。

(四)告知真实信息的义务

经营者应当向消费者提供有关商品或者服务的真实信息,不得做引人误解的虚假宣传。经营者对消费者就其提供的商品或者服务的质量和使用方法等问题的询问,应当做出真实、明确的答复。此外,经营者应当对其提供的商品明码标价,以便消费者获得必要的价格信息,进而做出相应的消费决策。

(五)标明经营者真实名称和标记的义务

经营者应当在其销售的商品或提供的某项服务上,标明其真实名称和标记。而租赁他人柜台或者场地的经营者,更应当标明其真实名称和标记,以防消费者误认、误购。

(六)出具购货凭证或服务单据的义务

经营者向消费者提供商品或者服务,应当依据商业惯例或者国家有关法律、法规的规定,主动向消费者出具购货凭证或者服务单据。该项义务的履行,既有利于消费者掌握日后维权的依据,也有利于激励经营者提升其所提供的商品或服务的质量。此外,消费者向经营者索要购货凭证或者服务单据的,经营者必须出具。

(七)保证商品和服务质量的义务

经营者应当保证在正常使用商品或者接受服务的情况下,提供的商品或者服务应当具有的性能、质量、用途和有效期限,但如果消费者在购买商品或者接受服务前已知其存在瑕疵的,该消费者将不能据此向经营者索赔。同时,经营者以广告、产品说明、实物样品或者其他方式表明商品或服务的质量状况的,应当保证其提供的商品或者服务的实际质量与表明的质量状况相符。

(八)承担"三包"或者其他民事责任的义务

经营者提供商品或者服务,应当依法或者依照与消费者的事先约定,承担包修、包换、包退或者其他责任,不得故意拖延或者无理拒绝。其他责任,主要是指经营者应承担的违约责任和侵权责任。

(九)不得以格式合同等方式减免责任的义务

经营者不得以格式合同、声明、通知、店堂告示等方式做出对消费者不公平、不合理的规定,或者减轻、免除其损害消费者合法权益应当承担的民事责任。即使经营者以上述方式做出了对消费者不公平、不合理的规定,此类规定在法律上均属无效,消费者的明示同意,并不能改变此类规定当然无效的现实。

(十)不得侵犯消费者人格权的义务

经营者不得对消费者进行侮辱、诽谤,不得搜查消费者的身体及其携带的物品,不得侵犯消费者的人身自由。如果经营者违反了此项义务,将会因此承担相应的民事责任、行政责任。

五、消费争议的解决

(一)消费争议的解决途径

当消费者与经营者之间发生消费纠纷时,消费者可以依法选择以下途径加以解决。

1. 与经营者协商和解 消费纠纷发生后,消费者与经营者当面协商解决问题。对于消费者来说,协商和解的纠纷解决方式花费的成本较低,而商家也可以在不扩大影响的基础上解决问题而不影响自身的商业信誉。

第六章 市场规制法

需要注意的是,协商和解适合简单的消费纠纷,如果经营者缺乏解决问题的诚意,消费者应及时采取其他更为有效的纠纷解决方式。

【知识点延伸】 2004年3月12日国家工商总局印发的《关于处理侵害消费者权益行为的若干规定》(工商消字[2004]第35号)第六条第二款规定:"经营者在消费者有证据证明向其提出承担民事责任的合法要求之日起超过15日,并且两次以上没有正当理由拒不承担民事责任的,视为故意拖延或者无理拒绝。但经营者能够证明由于不可抗力的原因超过时限的除外。"

2. 请求消费者协会调解 消费者协会是依法成立的保护消费者权益的社会团体。采用消协调解的方式需要注意,消协调解属于民间调解,没有法律上的强制力,也就是说,消协的调解结果是经营者和消费者基于对消协的共同信任达成的,靠双方自觉履行,不能申请人民法院强制执行。

消协属于公益组织,可以代表消费者群体进行公益诉讼。

3. 向有关行政部门申诉 消费者可以向工商、物价、卫生、技术监督等行政部门对经营者提出申诉,在行政部门的干预下解决消费纠纷。"12315"即为国家工商行政管理总局设立的消费举报投诉专用电话号码。

4. 申请仲裁机构仲裁 仲裁的裁决结果也是可以要求强制执行的,且仲裁采用一裁终局,因此仲裁是一种强制力够强且效率高的纠纷解决方式。采用仲裁的方式解决纠纷,需要消费者在纠纷发生之前或之后与经营者达成仲裁条款或仲裁协议。当前有一些商家在格式条款中提供了可选择的仲裁条款,消费者要注意对仲裁条款的确认和选择。

5. 向人民法院提起诉讼 诉讼是强制力最高的一种纠纷解决方式。消费者可以在尝试其他维权途径未果的情形下向法院起诉,也可以直接选择这种司法诉讼的维权方式。采用诉讼的纠纷

农村实用经济法规解读

解决方式需要注意:一是注意要在诉讼时效的时间范围内提起诉讼,诉讼时效在本书的最后一章有详细的介绍;二是要注意证据的保存。

在诉讼过程中,需要由作为原告一方的消费者提供与商家进行交易、商家侵权以及自身权益受到侵害的证据。因此,消费者一方要注意保留相关的证据,如消费发票。为降低消费者的举证难度,《消费者权益保护法》第23条规定:经营者提供的机动车、计算机、电视机、电冰箱、空调器、洗衣机等耐用商品或者装饰装修等服务,消费者自接受商品或者服务之日起6个月内发现瑕疵,发生争议的,由经营者承担有关瑕疵的举证责任。

(二)求偿主体的确定

求偿主体的确定决定了消费者应当向谁主张权利的问题,关于求偿主体,《消费者权益保护法》有以下规定。

1. 销售者的先行赔付责任 消费者在购买、使用商品时,其合法权益受到损害的,可以向销售者要求赔偿。销售者赔偿后,属于生产者的责任或者属于向销售者提供商品的其他销售者的责任的,销售者有权向生产者或者其他销售者追偿。

消费者或者其他受害人因商品缺陷造成人身、财产损害的,可以向销售者要求赔偿,也可以向生产者要求赔偿。属于生产者责任的,销售者赔偿后,有权向生产者追偿。属于销售者责任的,生产者赔偿后,有权向销售者追偿。

【案例6-9】 小姜在商场给女朋友买了一件羊毛衫作为生日礼物,女朋友穿着几天后出现了严重的皮肤过敏现象。经有关机构鉴定,这件衣服的成分不是羊毛,甚至不符合基本的服装原材料的卫生标准。小姜和女朋友很气愤,找到商场要求退货、赔偿。商场回复说:"这个情况我们也不清楚,羊毛衫又不是我们生产的,有质量问题你应该去找生产厂家才对呀!"商场的回复对吗?

【解析】 商场的回复是不对的。根据《消费者权益保护法》规

第六章 市场规制法

定的销售者先行赔付的原则,不管是不是商场的责任商场都要对消费者进行赔偿。当然,如果的确是生产者的过错,商场赔偿后可以向生产者追偿。因此,商品的销售者一定要执行好进货检查验收制度,否则可能因不合格产品承担赔偿责任。

2. 服务者的赔付责任 消费者在接受服务时,其合法权益受到损害的,可以向服务者要求赔偿。

3. 变更后企业的赔付责任 消费者在购买、使用商品或者接受服务时,其合法权益受到损害,因原企业分立、合并的,可以向变更后承受其权利义务的企业要求赔偿。

4. 营业执照的持有人和使用人的连带责任 使用他人营业执照的违法经营者提供商品或者服务,损害消费者合法权益的,消费者可以向其要求赔偿,也可以向营业执照的持有人要求赔偿。

5. 展销会举办者、柜台出租者的补充责任 消费者在展销会、租赁柜台购买商品或者接受服务,其合法权益受到损害的,可以向销售者或者服务者要求赔偿。展销会结束或者柜台租赁期满后,也可以向展销会的举办者、柜台的出租者要求赔偿。展销会的举办者、柜台的出租者赔偿后,有权向销售者或者服务者追偿。

【案例 6-10】 小毛一家搬进新家后不久,几个家庭成员均出现了眼睛刺痛、流泪、咳嗽、胸闷等症状,小毛怀疑是家里的甲醛超标了。请专业机构测量,发现是家里的地板质量不合格,甲醛严重超标。小毛很奇怪,地板是在展销会上购买的知名品牌"如玉"牌,怎么会出现这么严重的质量问题呢?他按照商品上的联系方式联系厂家,发现商品上的联系方式都是假的;地板也根本不是如玉牌的,是不知名厂家生产的假冒伪劣产品。小毛可以向谁主张赔偿?

【解析】 地板不是如玉厂家生产的,所以小毛不能主张如玉厂家赔偿。地板是假冒伪劣产品,没有真实的厂名、厂址及联系方式,小毛找厂家赔偿也是不可能的。因为地板是在展销会上购买的,所以小毛可以向展销会的举办者主张赔偿。

6. 网络交易中的赔偿主体 消费者通过网络交易平台购买商品或者接受服务,其合法权益受到损害的,可以向销售者或者服务者要求赔偿。网络交易平台提供者不能提供销售者或者服务者的真实名称、地址和有效联系方式的,消费者也可以向网络交易平台提供者要求赔偿;网络交易平台提供者做出更有利于消费者的承诺的,应当履行承诺。网络交易平台提供者赔偿后,有权向销售者或者服务者追偿。

网络交易平台提供者明知或者应知销售者或者服务者利用其平台侵害消费者合法权益,未采取必要措施的,依法与该销售者或者服务者承担连带责任。

7. 广告经营者的补充责任 消费者因经营者利用虚假广告提供商品或者服务,其合法权益受到损害的,可以向经营者要求赔偿。广告的经营者发布虚假广告的,消费者可以请求行政主管部门予以惩处。广告的经营者不能提供经营者的真实名称、地址的,应当承担赔偿责任。

第七章 工业产权法

第一节 商标法

一、商标的概念和特点

商标,俗称"牌子",是生产经营者在其商品或服务上使用的可视性标志,包括文字、图形、字母、数字、三维标志和颜色组合,以及上述要素的组合所构成的标志。

商标有文字商标、图形商标、字母商标、数字商标、三维标志商标(又称立体商标)、组合商标(是指以文字、图形、字母、数字、三维标志和颜色等要素组合而成的商标)和各种新型商标(如全息商标、音响商标和气味商标)等类型。

商标有以下几个特点。

(一)显著识别性

商标的显著识别性是指经营者要通过商标与其他经营者的商品和服务区别开来。这一特点分2种情况:一是固有的显著性,如"森达"商标,这个词语本身不具备任何含义,成为商标以后便成为该品牌的标识;二是获得的显著性,如"小鸭"商标,这个词语有其本身的含义,但是在产品上使用一段时间以后,产生了代表产品的新含义。

(二)具有一定的价值

商标是产品或者服务的标识,在设计过程中融入了设计者的

农村实用经济法规解读

设计、创意;使用过程中又将企业商品或者服务的信誉或者形象融入其中,因此商标是具有价值的。基于此特点,商标权可以作为财产权利转让、继承、投资。

(三)反映产品或者服务的竞争力

经营者的竞争也就是产品或者服务质量的竞争,提供的产品或者服务的品质越高,信誉越高,商标的知名度越高,商标的价值也就越高。

二、注册商标和非注册商标的区别

注册商标是指经国家商标主管机关核准注册而使用的商标。非注册商标,是指未经国家商标主管机关核准注册而自行使用的商标。我国《商标法》规定,除了人用药品、烟草制品、兽药必须使用注册商标外,其他商品既可以使用注册商标,也可以使用非注册商标。

注册商标和非注册商标存在以下差别。

(一)排他性上的区别

未注册商标使用过程中是没有权利禁止他人使用相同或者类似的商标的,注册商标的所有人可以禁止他人在同类或者类似商品上注册、使用相同或者近似的商标。

(二)专用性上的区别

未注册商标使用人对未注册商标的使用仅是一种事实,而不是法律认可的权利,非注册商标被他人使用,商标的使用者不能申请法律强制力上的保护。注册商标所有人对商标享有专用权,当注册商标被他人使用属于非法使用,非法使用人是要承担法律责任的。

(三)法律风险

未注册商标一旦与他人的注册商标相混同,构成商标侵权,商标使用人要承担法律责任。而使用注册商标是注册商标所有人的权利,不涉及侵犯他人商标权的风险。

第七章 工业产权法

(四)获得程序

非注册商标的获得是不需要经过任何程序的,商标权利人也不需付出经济上的代价,商标只要符合法律上的基本要求即可使用。注册商标的获得需要经过法定的程序,注册使用有一定的保护期,期满后需要权利人申请续展,在这个过程中均需要注册人支付一定的费用。

【案例7-1】 1989年,北京市药材公司发现其"同仁堂"商标在日本被抢注。该公司遂以"同仁堂"为公众熟知的驰名商标为由,请求日本特许厅撤销该不当注册商标,日本要求提交"同仁堂"系我国驰名商标的证明文件。为了保护我国商标在他国的合法权益,商标局在做了广泛的社会调查后,于1989年正式认定"同仁堂"商标为我国驰名商标。这是商标局认定的国内第一件驰名商标。

2001年,联想开始全球化发展步伐,却发现联想的英文名legend在全球竟被100多家公司注册过商标,行业涉及娱乐、汽车等行业。将这些商标买回来需要和这100多家公司一家一家的谈判交易。无奈之下,2003年联想花巨资将"legend"更换为"Lenovo"。

【解析】 由以上案例可见,商标未经注册对于商标的使用者来说是存在很大法律风险的,虽然有的非注册商标可以通过"驰名商标"的规则加以保护,但是举证过程难度很大。因此,在条件允许的情况下,商标的使用者应尽量将自己的商标进行注册。

三、注册商标的注册程序

(一)注册条件

①符合商标的构成要素特点:显著识别性。
②不得与他人在先取得的合法权利相冲突。
③不得使用法律禁止使用的标志。
④不得与他人已经注册的商标相混同。

农村实用经济法规解读

⑤不得复制、模仿或者翻译他人的驰名商标。

【相关法律条款索引】

《中华人民共和国商标法》第10条规定，下列标志不得作为商标使用：

①同中华人民共和国的国家名称、国旗、国徽、国歌、军旗、军徽、军歌、勋章等相同或者近似的，以及同中央国家机关的名称、标志、所在地特定地点的名称或者标志性建筑物的名称、图形相同的。

②同外国的国家名称、国旗、国徽、军旗等相同或者近似的，但经该国政府同意的除外。

③同政府间国际组织的名称、旗帜、徽记等相同或者近似的，但经该组织同意或者不易误导公众的除外。

④与表明实施控制、予以保证的官方标志、检验印记相同或者近似的，但经授权的除外。

⑤同"红十字"、"红新月"的名称、标志相同或者近似的。

⑥带有民族歧视性的。

⑦带有欺骗性，容易使公众对商品的质量等特点或者产地产生误认的。

⑧有害于社会主义道德风尚或者有其他不良影响的。县级以上行政区划的地名或者公众知晓的外国地名，不得作为商标。但是，地名具有其他含义或者作为集体商标、证明商标组成部分的除外；已经注册的使用地名的商标继续有效。

《中华人民共和国商标法》第11条规定，下列标志不得作为商标注册：

①仅有本商品的通用名称、图形、型号的；②仅直接表示商品的质量、主要原料、功能、用途、重量、数量及其他特点的；③其他缺乏显著特征的。

前款所列标志经过使用取得显著特征，并便于识别的，可以作为商标注册。

第七章 工业产权法

《中华人民共和国商标法》第16条规定,商标中有商品的地理标志,而该商品并非来源于该标志所标示的地区,误导公众的,不予注册并禁止使用;但是,已经善意取得注册的继续有效。

前款所称地理标志,是指标示某商品来源于某地区,该商品的特定质量、信誉或者其他特征,主要由该地区的自然因素或者人文因素所决定的标志。

【案例7-2】 请分析以下商标能否被核准注册:①某篮球生产厂家未经任何许可,申请"姚明"为产品注册商标。②某服装厂以"中国"申请注册商标。③某薯片申请注册"香脆"商标。④某厂生产的葡萄干,申请注册"吐鲁番"商标。⑤某产品申请注册"二房"商标。

【解析】 ①侵犯了他人在先的姓名权,因此不能被核准注册。②不能以国家名称注册商标,因此不能被核准注册。③直接表示产品的质量,缺乏显著性,因此不能被核准注册。④地名做商标,且可能引起公众对产品的误认,因此不能被核准注册。⑤有害于社会主义道德风尚,因此不能被核准注册。

(二)注册程序

1. 形式审查 形式审查主要包括:①申请人的资格,自然人、法人或者其他组织均可以做申请人,2个以上的自然人、法人或者其他组织可以以共同申请人的身份申请商标注册;②申请手续是否齐备;③申请文件的填写是否符合规定等。

形式审查合格的,商标局受理申请。

2. 实质审查 实质审查是对申请注册的商标是否符合《商标法》规定的注册条件所进行的审查。主要包括:①商标是否具有显著特征,便于识别;②商标的标志是否属于《商标法》禁止使用的标志;③商标是否与他人在先取得的合法权利相冲突;④商标是否与注销、撤销不满1年的商标相同或近似。

实质审查合格的,由商标局初步审定,予以公告。

农村实用经济法规解读

3. 公告与异议 对初步审定的商标,自公告之日起3个月内,任何人均可以提出异议。有人提出异议的,商标局应当听取异议人和被异议人陈述事实和理由,经调查核实后,才可做出裁定。当事人不服的,可以自收到通知之日起15日内向商标评审委员会申请复审,由商标评审委员会做出裁定,并书面通知异议人和被异议人。当事人对商标评审委员会的裁定不服的,可以自收到通知之日起30日内向人民法院起诉。

4. 核准注册 公告期满无异议的或者经裁定异议不能成立的,予以核准注册,发给商标注册证,并予公告;经裁定异议成立的,不予核准注册。经裁定异议不能成立而核准注册的,商标注册申请人取得商标专用权的时间自初审公告3个月期满之日起计算。

四、注册商标权利人的权利义务

(一)注册商标权利人的权利

1. 使用权 商标注册人有权在其注册商标核准使用的商品和服务上使用该商标,在相关的商业活动中使用该商标。

2. 许可使用权 商标注册人有权依照法律规定,通过签订商标使用许可合同的形式,许可他人使用其注册商标。

3. 独占权 商标注册人对其注册商标享有排他性的独占权利,其他任何人不得在相同或类似的商品或服务上擅自使用与注册商标相同或近似的商标。对他人在相同或者类似的商品或者服务上擅自使用与其注册商标相同或者近似的商标的行为,商标注册人有权予以制止。

4. 转让和继承权 商标注册人有权通过法定程序将其注册商标有偿或者无偿转让给他人。商标作为无形财产,可以依照财产继承顺序由其合法的继承人继承。商标注册人有权根据法律规定,依照法定程序将其注册商标作为无形资产进行投资。

【案例7-3】 某食品厂在商标局核准注册了"香远"注册商标专

用权,核定使用的商品为面包和蛋糕等食品。食品厂与家家乐商城签订了为期3年的代销协议,约定由家家乐出售其生产的蛋糕。代销协议结束后,食品厂发现,家家乐仍旧销售"香远"蛋糕,经核实,这些蛋糕是家家乐自己生产的。如何看待家家乐商城的行为?

【解析】 家家乐商城未经允许使用他人的注册商标,已经构成了商标专用权的侵权。

(二)注册商标权利人的义务

1. 按照要求使用注册商标 使用注册商标,可以在商品、商品包装、说明书或者其他附着物上标明"注册商标"或者注册标记。注册标记包括㊟和®。使用注册标记,应当标注在商标的右上角或者右下角。

商标权利人应严格按照《商标注册证》上核准注册的商标和核定使用的商品或服务使用注册商标。商标权利人超过《商标注册证》核定使用的商品或服务范围使用其注册商标,并标明注册标志的,是冒充注册商标的违法行为。

2. 对使用注册商标的产品或者服务负责 商标权利人应当对使用注册商标的产品或者服务的质量负责,许可他人使用期注册商标时,应当监督被许可人使用其注册商标的商品或者服务的质量。

五、注册商标的保护

注册商标的有效期为10年,自核准注册之日起计算。注册商标有效期满,需要继续使用的,应当在期满前6个月内申请续展注册;在此期间未能提出申请的,可以给予6个月的宽展期。宽展期满仍未提出申请的,注销其注册商标。每次续展注册的有效期为10年。续展注册经核准后,予以公告。

注册商标的专用权,以核准注册的商标和核定使用的商品为限。注册商标所有人实际使用的商标必须与商标局核准注册的商标相一致,实际使用注册商标的商品必须与商标局核定使用的商品相一致。

六、对驰名商标的保护

(一)对驰名商标的认定

驰名商标是指在中国为相关公众广为知晓并享有较高声誉的商标,已经注册的商标和未注册的商标在我国都有可能被认定为驰名商标。

《商标法》第14条规定,认定驰名商标应当考虑下列因素:①相关公众对该商标的知晓程度;②该商标使用的持续时间,包括该商标使用、注册的历史和范围;③该商标的任何宣传工作的持续时间、程度和地理范围,包括广告宣传和促销活动的方式、地域范围、宣传媒体的种类以及广告投放量等;④该商标作为驰名商标受保护的记录,包括该商标曾在中国或者其他国家和地区作为驰名商标受保护的状况;⑤该商标驰名的其他因素,如使用该商标的主要商品近3年的产量、销售量、销售收入、利润、销售区域等。

(二)对驰名商标的保护

1. 未注册驰名商标的保护 就相同或者类似商品申请注册的商标是复制、摹仿或者翻译他人未在中国注册的驰名商标,容易导致混淆的,不予注册并禁止使用。

2. 已注册的驰名商标实行跨类保护 就不相同或者不相类似商品申请注册的商标是复制、摹仿或者翻译他人已经在中国注册的驰名商标,误导公众,致使该驰名商标注册人的利益可能受到损害的,不予注册并禁止使用。

3. 禁止作为企业名称登记 商标所有人认为他人将其驰名商标作为企业名称登记,可能欺骗公众或者对公众造成误解的,可以向企业名称登记主管机关申请撤销该企业名称登记。

4. 禁止作为域名注册 人民法院审理域名纠纷案件,对被告

第七章 工业产权法

域名或其主要部分构成对原告驰名商标的复制、摹仿、翻译或音译的,对为商业目的将他人驰名商标恶意注册为域名的,应当承担相应的法律责任。

第二节 专利法

一、专利的含义

专利原指由国家授予某项可公开的发明的垄断权,包括发明、实用新型和外观设计。

(一)发 明

发明是指对产品、方法或者其改进所提出的新的技术方案,发明可分为产品发明和方法发明。注意发明和发现的区别:发明是从无到有的过程,发现是从未知到已知的过程。例如,爱迪生发明电灯可以申请专利;而哥伦布发现新大陆就不能申请专利。

(二)实用新型

实用新型又叫"小发明",是指对产品的形状、构造或者其结合所提出的适于实用的新的技术方案。作为实用新型对象的只能是产品,而不能是方法。实用新型是对现有产品的改进。如,原来的鼠标必需有数据线和电脑相连接,而无线鼠标可以不使用数据线实现操作,这一改进即可申请实用新型。

(三)外观设计

外观设计是指对产品的形状、图案或者其结合以及色彩与形状、图案的结合所作出的富有美感并适于工业应用的新设计。这里所谓的"美感"不是艺术上的美感,而是通过外观设计实现产品外观的协调美观。

【相关法律条款索引】

《中华人民共和国专利法》第 25 条规定,对下列各项,不授予专利权：①科学发现；②智力活动的规则和方法；③疾病的诊断和治疗方法；④动物和植物品种；⑤用原子核变换方法获得的物质；⑥对平面印刷品的图案、色彩或者二者的结合做出的主要起标识作用的设计。

对前款第④项所列产品的生产方法，可以依照本法规定授予专利权。

二、专利的申请程序

(一)专利申请人

1. 发明人或者设计人 发明人或者设计人，是指对发明创造的实质性特点做出创造性贡献的人。

在完成发明创造过程中，只负责组织工作的人、为物质技术条件的利用提供方便的人或者从事其他辅助工作的人，不是发明人或者设计人。

发明人或者设计人只能是自然人且不受行为能力的限制，不能是法人或其他单位。

【案例 7-4】 王教授经过多年的努力，开发出了一款新产品，并成功申请了专利。在获得专利权后，跟随王教授工作的几个工作人员却很不高兴。张甲说："专利开发的过程，我多次担任王教授的助手，帮助他记录数据，跑前跑后的，专利权人为啥没有我？"赵乙说："为了让王教授有效率的工作，我每天都早早来办公室，整理好实验工具，打扫卫生，专利权人为啥没有我？"张甲和赵乙的说法对吗？

【解析】 他们的说法不对。只有对发明创造实质性特点做出创造性贡献的人才是专利申请人，张甲和赵乙都不符合这个特点，所以不能作为发明人，当然也不是专利权人。

2. 职务发明创造 执行本单位的任务或者主要是利用本单位的物质技术条件所完成的发明创造为职务发明创造。

第七章 工业产权法

执行本单位的任务所完成的职务发明创造有以下3种情况：①在本职工作中做出的发明创造；②履行本单位交付的本职工作之外的任务所做出的发明创造；③退休、调离原单位后或者劳动、人事关系终止后1年内作出的，与其在原单位承担的本职工作或者原单位分配的任务有关的发明创造。本单位的物质技术条件，是指本单位的资金、设备、零部件、原材料或者不对外公开的技术资料等。

职务发明创造申请专利的权利属于该单位；申请被批准后，该单位为专利权人。利用本单位的物质技术条件所完成的发明创造，单位与发明人或者设计人订有合同，对申请专利的权利和专利权的归属做出约定的，从其约定。非职务发明创造，申请专利的权利属于发明人或者设计人；申请被批准后，该发明人或者设计人为专利权人。

3. 合作完成的发明创造　2个以上单位或者个人合作完成的发明创造，除另有协议的以外，申请专利的权利属于共同完成的单位或者个人；申请被批准后，申请的单位或者个人为专利权人。

4. 委托完成的发明创造　一个单位或者个人接受其他单位或者个人委托所完成的发明创造，除另有协议的以外，申请专利的权利属于完成的单位或者个人；申请被批准后，申请的单位或者个人为专利权人。

(二)专利权取得的条件

1. 发明和实用新型　授予专利权的发明和实用新型，应当具备新颖性、创造性和实用性。

(1)新颖性　新颖性是指该发明或者实用新型不属于现有技术；也没有任何单位或者个人就同样的发明或者实用新型在申请日以前向国务院专利行政部门提出过申请，并记载在申请日以后公布的专利申请文件或者公告的专利文件中。现有技术是指申请日以前在国内外为公众所知的技术。

【知识点延伸】

《专利法》规定，申请专利的发明创造在申请日以前6个月内，有下列情形之一的，不丧失新颖性：①在中国政府主办或者承认的国际展览会上首次展出的；②在规定的学术会议或者技术会议上首次发表的；③他人未经申请人同意而泄露其内容的。

(2) 创造性 创造性是指与现有技术相比，发明具有突出的实质性特点和显著的进步，实用新型具有实质性特点和进步。

(3) 实用性 实用性是指该发明或者实用新型能够制造或者使用，并且能够产生积极效果。

2. 外观设计 外观设计取得专利权应具有新颖性。

新颖性是指申请专利的外观设计，应当不属于现有设计；也没有任何单位或者个人就同样的外观设计在申请日以前向国务院专利行政部门提出过申请，并记载在申请日以后公告的专利文件中。现有设计，是指申请日以前在国内外为公众所知的设计。授予专利权的外观设计与现有设计或者现有设计特征的组合相比，应当具有明显区别。授予专利权的外观设计不得与他人在申请日以前已经取得的合法权利相冲突。

(三) 申请程序

1. 专利的申请 专利申请人申请专利时，应当向国务院专利行政部门递交专利申请文件。申请发明或者实用新型专利的，应当提交请求书、说明书、说明书摘要和权利要求书等文件。申请外观设计专利的，应当提交请求书、该外观设计的图片或者照片以及对该外观设计的简要说明等文件。

2. 专利的审批

(1) 初步审查 国务院专利行政部门收到申请文件后，首先对申请文件的格式、法律要求、申请人资格等进行形式审查。

(2) 公布申请 发明专利申请经初步审查合格后，自申请日起满18个月，即行在《发明专利公报》上公布。专利局还可以根据申

第七章 工业产权法

请人的请求早日公布其申请。

(3) **实质审查** 发明专利申请自申请日起3年内,国务院专利行政部门可以根据申请人随时提出的请求,对其申请进行实质审查。审查的内容主要有:是否符合单一性要求、发明是否符合新颖性、创造性和实用性等条件。申请人无正当理由逾期不请求实质审查的,该申请即被视为撤回。国务院专利行政部门认为必要的时候,可以自行对发明专利申请进行实质审查。

(4) **授权公告** 发明专利申请经实质审查没有发现驳回理由的,由国务院专利行政部门做出授予发明专利权的决定,发给发明专利证书,同时予以登记和公告。发明专利权自公告之日起生效。

3. 实用新型和外观设计专利申请的审批 对实用新型和外观设计专利申请只进行初步审查,不进行实质审查。经初步审查合格后,即授予专利权,并予以登记和公告,专利权自公告之日起生效。

三、专利权人的权利和义务

(一)专利权人的权利

1. 独占实施权 任何单位或个人未经专利权人许可,都不得实施其专利,即不得为生产经营目的制造、使用、许诺销售、销售、进口其专利产品,或使用其专利方法以及使用、许诺销售、销售、进口依照该专利方法直接获得的产品。未经外观设计专利权人许可,不得为生产经营目的制造、许诺销售、销售、进口其外观设计专利产品。

2. 转让权 专利权可以转让,通过转让,专利权主体发生变更,原专利权人不再享有专利权,受让人依法取得专利权。转让专利权的,当事人应当订立书面合同,并向国务院专利行政部门登记,由国务院专利行政部门予以公告。专利权的转让自登记之日起生效。

3. 许可权 专利权人有权许可他人实施其专利。他人应当与专利权人订立实施许可合同,并向专利权人支付使用费。

4. 标记权 专利权人有权在其专利产品或者该产品的包装上标明专利标记和专利号的权利。如"中国专利"、"专利"等。

5. 署名权 发明人或者设计人有权在专利文件中写明自己是发明人或者设计人的权利。

(二)专利权人的义务

缴纳专利年费,专利权人应当自被授予专利权的当年开始缴纳年费。

四、专利权的保护

(一)专利权的保护期限

发明专利权的期限为20年,实用新型专利权和外观设计专利权的期限为10年,均自申请日起计算。

(二)专利权的保护范围

发明或者实用新型专利权的保护范围以其权利要求的内容为准,说明书及附图可以用于解释权利要求的内容。外观设计专利权的保护范围以表示在图片或者照片中的该产品的外观设计为准,简要说明可以用于解释图片或者照片所表示的该产品的外观设计。

(三)专利侵权行为及其法律责任

专利侵权行为是指未经专利权人许可,也无法律依据,他人擅自实施其专利的行为。侵犯专利权,引起纠纷的,由当事人协商解决;不愿协商或者协商不成的,专利权人或者利害关系人可以向人民法院起诉,也可以请求管理专利工作的部门处理。侵犯专利权,应当承担的法律责任主要是民事责任,此外还包括行政责任与刑事责任。其中,民事责任主要有停止侵权、赔偿损失等。

第八章 诉讼法

第八章 诉讼法

第一节 诉讼时效

一、诉讼时效的含义

诉讼时效是指权利人在法定期间内不行使权利即丧失请求人民法院依法保护其民事权利的制度。之所以在法律上规定诉讼时效,主要目的在于督促权利人及时主张自己的权益,提高司法机关的工作效率。在掌握诉讼时效规则时需要注意以下几点。

(一)诉讼时效经过权利人仍然可以提起诉讼

诉讼时效经过的债权,债权人仍可以向人民法院提起诉讼主张权利。人民法院在诉讼过程中,应居中裁判,不得主动以诉讼时效经过为由不予立案,也不能在诉讼过程中向任何一方当事人以明示或者暗示的方式告知双方当事人诉讼时效规则。

诉讼时效的意义在于,诉讼时效经过使被告方获得"抗辩权"。也就是说,在诉讼过程中,被告一方可以主动以诉讼时效经过为由提起抗辩,如果被告一方以此为由抗辩,人民法院就不能支持原告的诉讼请求了。

(二)诉讼时效经过,转变为自然权利

时效经过,债权转变为自然权利,也就是说,债权人还是可以通过其他方式主张自己债权的。债务人在诉讼时效经过后履行债务,债权人也接受的,债务人不得以诉讼时效经过为由反悔。生活

中,很多债务在诉讼时效经过后仍然会得到偿还,因为债务人的行为虽然不再受法律的约束,但是还受到道德、社会舆论等力量的约束。

(三)诉讼时效是法定时效

诉讼时效是法定期间,当事人不得通过约定延长或者缩短诉讼时效期间。

二、诉讼时效的适用

诉讼时效适用于债权请求权和继承权请求权。

以下几种情况不适用诉讼时效制度:①支付存款本金及利息请求权;②兑付国债、金融债券以及向不特定对象发行的企业债券本息请求权;③基于投资关系产生的缴付出资请求权。

【案例8-1】 以下几种情况是否适用诉讼时效?①甲公司经批准公开发行企业债券,乙在证券公司购买了甲公司20万元的债券,债券于2009年1月到期。到了2012年3月,乙才想起此事,于是请求甲公司还本付息。②甲公司经批准定向发行企业债券,甲分别向乙、丙、丁三公司发行了1 000万元的企业债券。债券于2009年1月到期。到了2012年3月,乙公司才想起此事,于是请求甲公司还本付息。③甲、乙、丙、丁约定各出资100万元设立"大发公司",约定须于2009年3月1日之前出资到位。至2013年3月,只有丁没有履行出资义务。

【解析】 ①是公开发行的企业债券,不适用诉讼时效。②是向特定对象发行的企业债券,适用诉讼时效。③是基于投资关系产生的缴付出资请求权,不适用诉讼时效制度。

三、诉讼时效的计算

(一)诉讼时效的类型

1. 普通诉讼时效期间 普通诉讼时效期间指适用于一般债权请求权的诉讼时效期间。除非法律另有规定,普通诉讼时效期

第八章 诉讼法

间为2年。

2. 特殊诉讼时效期间 特殊诉讼时效期间指根据法律规定，不适用2年普通诉讼时效期间的诉讼时效期间。法律规定的特殊诉讼时效期间主要有1年、3年、4年等时效期间。

【知识点延伸】

1年诉讼时效：①身体受到伤害要求赔偿的；②出售质量不合格的商品未声明的；③延付或者拒付租金的；④寄存财物被丢失或者损毁的。但是，因产品侵权造成人身损害的，适用2年的诉讼生效，而非1年的诉讼时效（《产品质量法》第45条）。

3年诉讼时效：环境污染侵权，无论人身损害还是财产损害，诉讼时效期间均为3年（《环境保护法》第42条）。船舶发生油污损害的请求权，时效期间为3年，自损害发生之日起计算（《海商法》第265条）。

4年诉讼时效：国际货物买卖合同和技术进出口合同纠纷的诉讼时效期间为4年（《合同法》第129条）。

5年诉讼时效：人寿保险的被保险人或者受益人对保险人请求给付保险金的权利，自其知道保险事故发生之日起5年不行使而消灭。其他保险合同，对保险人请求赔偿或者给付保险金的诉讼时效期间，从"知道保险事故发生"之日起2年。（《保险法》第27条）。

3. 最长诉讼时效期间 最长诉讼时效期间又称绝对时效期间，指不适用诉讼时效中止、中断规定的诉讼时效期间。最长诉讼时效期间包括2种：一般情况下，最长诉讼时效期间为20年，自权利被侵害之日起计算。规定最长诉讼时效期间的意义在于，无论如何计算，诉讼时效都不能超过最长诉讼时效。

(二)诉讼时效的计算方法

20年的最长诉讼时效期间，自"权利被侵害之日起"计算。

普通诉讼时效期间与特殊诉讼时效期间的起算，一般是从"知

农村实用经济法规解读

道或者应当知道"权利被侵害时起计算。

【知识点延伸】

对"知道或者应当知道"的理解:

①人身损害赔偿的诉讼时效期间,伤害明显的,从受伤害且知道加害人之日起算;伤害当时未曾发现,后经检查确诊并能证明是由侵害引起的,从伤势确诊且知道加害人之日起算;

②同一债务分期履行的,诉讼时效期间从最后一期履行期限届满之日起计算;

③侵权行为具有持续性的,从侵权行为实施终了之日起计算。请求他人不作为的债权请求权,从义务人违反不作为义务之日起计算。

【案例8-2】 张三于2000年9月1日向李四借款10万元,约定1年偿还。为了让李四放心,张三和李四约定他们之间债权债务关系的诉讼时效为10年。到了1年清偿期,张三没有偿还,请问,李四最迟应在哪一天起诉张三?

【解析】 诉讼时效是法定期间,双方对诉讼时效的约定是无效的。诉讼时效应该从2001年9月1日起开始计算,但是开始的当天不计入,2年后的最后一天应该是2003年9月1日,即李四在2003年9月1日起诉尚不为迟。

【案例8-3】 张三对李四侵权行为发生在2000年9月1日,李四因为某些原因在2019年9月1日才得知此事,按照普通诉讼时效,李四最迟应在哪一天起诉张三?

【解析】 诉讼时效从当事人知道或者应当知道权利被侵害时开始计算,李四是2019年9月1日得知被侵权的,所以诉讼时效应从当天开始计算。同时要考虑,诉讼时效的计算不应超过20年的最长诉讼时效,而最长诉讼时效是从侵权行为发生之日开始计算的。因此,李四最迟应在2020年9月1日提起诉讼。

四、诉讼时效期间的中止、中断和延长

(一)诉讼时效期间的中止

诉讼时效期间的中止指在诉讼时效期间进行中,因发生一定的法定事由使权利人不能行使请求权,暂时停止计算诉讼时效期间,待阻碍时效期间进行的法定事由消除后,继续进行诉讼时效期间的计算。

发生不可抗力或其他障碍可使诉讼时效期间中止。其他障碍有:权利人为无行为能力人、限制行为能力人而无法定代理人或者法定代理人已死亡或丧失行为能力等情形。

诉讼时效期间可以中止的时间为诉讼时效期间的最后6个月内。在时效期间最后6个月前发生法定中止事由的,并不能使诉讼时效期间中止。

诉讼时效期间中止后,中止的期间不计入时效期间内。待中止事由消除后,时效期间继续进行,与中止前已经过的时效期间合并计入总的时效期间。

(二)诉讼时效期间的中断

诉讼时效期间中断指在诉讼时效进行期间,因发生一定的法定事由,使已经经过的时效期间统归无效,待时效期间中断的事由消除后,诉讼时效期间重新计算。

可使诉讼时效期间中断的法定事由有:权利人提起诉讼、当事人一方提出要求或者同意履行义务等。

注意诉讼时效中止和中断的区别在于中止是诉讼时效的暂停计算,而中断是诉讼时效的重新计算。

(三)诉讼时效期间的延长

权利人在诉讼时效期间内未能行使权利确有正当原因,其原因不包括在使时效期间中止、中断的法定事由内,严格适用诉讼时效将造成不公。针对这种情况,依据《民法通则》规定,有特殊情况

的,法院可以延长时效期间,以便保护特殊情况下权利人由于特殊原因未能及时行使的权利,避免造成不公平的结果。

第二节 民事诉讼法

一、民事诉讼的含义

民事诉讼俗称"打官司",是指民事争议的当事人向人民法院提出诉讼请求,人民法院在双方当事人和其他诉讼参与人的参加下,依法审理和裁判民事争议的活动。

民事诉讼是强制力最高的纠纷解决方式,通过民事诉讼解决纠纷需要明确以下几个问题:①到哪个法院提起诉讼,即案件的管辖问题;②由谁提起诉讼,向谁提起诉讼;③通过什么程序完成诉讼的过程;④胜诉后如何实现权利。以上即为民事诉讼的管辖和程序问题。

二、民事案件的管辖

(一)管辖的概念

管辖是指人民法院之间在受理第一审民事案件中的权限划分。它解决的是法院系统内部各级法院之间和上、下级法院之间的分工问题,也就是原告到什么地方的哪一级法院提起诉讼的问题。

(二)管辖的种类

1. 级别管辖 级别管辖是指按照一定标准,划分上下级人民法院之间受理第一审民事案件的分工和权限。第一审民事案件,除法律另有规定的以外,一般都由基层人民法院管辖。中级人民法院管辖的第一审民事案件主要是重大涉外案件,或在本辖区有重大影响的案件,或知识产权案件以及由最高人民法院确定让中级人民法院管辖的案件。高级人民法院管辖的第一审民事案件主

第八章 诉讼法

要是在本辖区内有重大影响的案件。最高人民法院主要管辖在全国有重大影响或最高人民法院认为应当由自己审理的第一审民事案件。

2. 地域管辖 地域管辖是指确定同级人民法院之间受理第一审民事案件的权限分工,包括一般地域管辖、特殊地域管辖、专属管辖和选择管辖。

(1)一般地域管辖 一般地域管辖是指根据当事人的住所地确定受诉法院的管辖权。按照这一管辖原则,民事诉讼一般应当由被告住所地的人民法院管辖。亦即"原告就被告"原则。

(2)特殊地域管辖 特殊地域管辖是指以引起法律关系发生、变更或消灭的法律事实为标准来划分法院的管辖权。例如,一般的合同纠纷案件由被告住所地或合同履行地法院管辖、因侵权引起的诉讼一般由侵权行为发生地或被告住所地法院管辖等。

(3)专属地域管辖 专属地域管辖是指法律明确规定某些案件的审理必须由特定的人民法院进行管辖,不允许当事人或法院加以变更。这类经济案件主要有2种:一是不动产案件,它只能由不动产所在地法院管辖;二是港口作业中发生纠纷的案件,它只能由港口所在地的法院管辖。

(4)选择地域管辖 选择地域管辖是指两个以上的人民法院对同一案件都有管辖权时,当事人可以选择其中之一进行起诉。如果原告向两个以上有管辖权的人民法院起诉,应当由先立案的法院管辖。

3. 移送管辖 移送管辖是指人民法院对于已经受理的案件,在发现本院对该案无管辖权时,依照法律规定将其转送到有管辖权的法院进行审理的行为。我国《民事诉讼法》规定,接受移送的法院即使认为此案依法不属于本院管辖,也不得再自行移送,而应当报请他们的共同上级法院进行指定管辖。

4. 指定管辖 指定管辖是指有管辖权的法院由于特殊原因,

农村实用经济法规解读

不能行使管辖权,或者因为两个法院之间对同一案件的管辖权发生争议,经过协商不能解决时,由上级法院指定某一法院行使管辖权的情况。下级人民法院对于上级人民法院的指定,应当执行,不得推诿拖延。

【案例8-4】 原告甲于2001年6月10日向某市中级人民法院递交起诉状称:被告乙于1996年11月租用原告房屋2间,每月租金200元,租期3年。现租期已过,原告要求被告迁出,收回房屋自用。中级人民法院告知原告本院对本案无管辖权,没有受理原告的起诉,让其到区人民法院起诉。甲认为中级人民法院的审判员水平高,更能公正审理案件,区法院的审判员水平不高,不愿去区法院起诉。本案应由哪级法院管辖?

【解析】 级别管辖解决的是去哪一级人民法院提起诉讼的问题,本案纠纷应由基层人民法院管辖。

三、民事案件审判程序

(一)第一审简易程序

简易程序是简化了的普通程序,是基层人民法院及其派出法庭审理简单的民事案件所运用的一种独立的简便易行的诉讼程序。根据《最高人民法院关于适用简易程序审理民事案件的若干规定》,基层人民法院适用简易程序审理简单的民事案件一般是指那些事实清楚、情节简单、争议不大、影响较小的案件。

(二)第一审普通程序

第一审程序是指人民法院审理第一审民事案件、经济案件所适用的程序。普通程序是指人民法院审理第一审民事案件、经济纠纷案件通常适用的程序。普通程序是诉讼程序中的基础程序。

1. 起诉与受理 起诉是审判程序发生的根据,起诉应当符合以下条件:其一,原告是与本案有直接利害关系的个人、企事业单位、机关、团体;其二,有明确的被告、具体的诉讼请求和事实根据;

第八章 诉讼法

其三,属于人民法院的主管范围和受诉人民法院管辖。

【案例 8-5】 退休工人刘某去电影院看电影,散场时因出口拥挤被人挤倒摔伤,因此住院治疗共花医疗费 300 元。刘某向法院起诉,要求法院为他寻找被告赔偿损失,但刘某说不出是谁挤倒他的。法院能否受理刘某的起诉?

【解析】 法院不能受理刘某的起诉。因为起诉需要有明确的被告,刘某不能提供被告信息,所以法院不能受理。

2. 开庭审理 开庭审理是指人民法院于确定的日期在当事人和其他诉讼参与人的参加下,依照法定的程序和形式,在法庭上对案件进行实体审理的诉讼活动。

3. 依法做出判决或裁定 判决是指人民法院对当事人之间的实体权利义务争议依法做出的判定,它的形式是判决书。裁定是指人民法院对诉讼过程中有关程序问题和其他必须及时解决的问题所做的判定,它的形式是裁定书。

(三)第二审程序

第二审程序是指当事人不服第一审裁判,在上诉期内提出上诉,由上一级人民法院对案件进行审理的程序。

上诉应当符合以下 3 个法定条件:其一,必须是符合条件的上诉人对符合条件的被上诉人提起上诉。其二,必须在法定的上诉期限内提出。对判决提起上诉的期限为 15 日,对裁定提起上诉的期限为 10 日,逾期不提起上诉,一审法院的判决、裁定便发生法律效力,当事人不得再上诉,案件即告终结。其三,必须提出上诉状。原审人民法院收到上诉状,应当连同全部案卷和证据,尽快报送第二审人民法院。

上诉案件的审理与裁判结果:确认原判决认定事实清楚、适用法律正确、程序合法的,应判决驳回上诉,维持原判;认为原判决认定事实清楚,但适用法律错误的,应依法改判;认为原判决认定事实不清、证据不足或违反法定程序,可能影响案件正确判决的,应

农村实用经济法规解读

裁定撤销原判,发回原审法院重审,也可以查清事实后改判。

四、民事案件执行程序

执行是指人民法院根据一方当事人的申请或依职权采取法定措施,强制不履行义务的一方当事人履行已经发生法律效力的判决、裁定及其他法律文书的程序。

(一)执行根据和执行法院

执行根据是指执行所依据的法律文书,包括:①人民法院的发生法律效力的具有给付内容的民事判决、裁定和调解书,以及具有财产执行内容的刑事判决、裁定书;②其他机关制作,依法申请由人民法院执行的法律文书,如仲裁机关的生效裁决书、调解书;③公证机关依法赋予强制执行的已经确定的裁判,我国法院经审查决定承认外国法院裁判效力的裁定书。在以上法律文书中,除第一项由原第一审人民法院执行外,其余均由被执行人所在地或被执行财产所在地的人民法院执行。

(二)执行措施

执行员在接到申请执行书或者移交执行书,应当通知被执行人在指定的期限内履行。逾期不履行的,强制执行。执行的措施有:扣留、提取储蓄存款或者劳动收入;经人民法院院长批准,查封、扣押、冻结、变卖被执行人的财产;强制交付财产或者票证;由人民法院院长签发公告,强制迁出房屋或者退出土地;强制执行法律文书指定的行为;向银行、信用合作社签发协助执行通知书,并附有关裁判文书副本。强制迁房或退出土地时,应当通知被执行人或成年家属到场;拒不到场的,不影响执行。被执行的工作单位和房屋,土地所在地基层组织应当派员参加。

(三)申请执行的期限

申请执行的期限,依申请执行的主体而异。双方或者一方当事人是个人的,申请执行的期限是1年;双方当事人是企业、事业

第八章 诉讼法

单位、机关、团体的,申请执行的期限为半年。时间从法律文书规定履行期限的最后一日起计算,如果法律文书规定分期履行,则从每次履行期限的最后一日起计算。

五、审判监督程序

审判监督程序是指人民法院发现已经发生法律效力的判决或裁定确有错误,对案件依法重新审理并作出裁判的程序。

根据《民事诉讼法》规定,有权启动审判监督程序的是以下特殊主体:①各级人民法院院长对本院已生效的判决、裁定发现确有错误、认为需要再审的,应当提交审判委员会讨论决定;②最高人民法院对地方各级人民法院已生效的判决、裁定,上级人民法院对下级人民法院已生效的判决、裁定发现确有错误的,有权提审或指令下级人民法院再审;③各级人民检察院对各级人民法院已生效的判决、裁定发现确有错误,可按审判监督程序提出抗诉。对人民检察院提出的抗诉案件,人民法院应当再审。

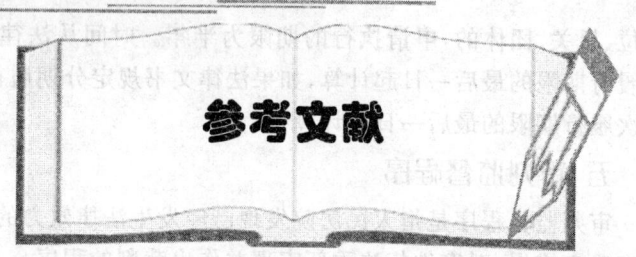

参考文献

[1] 杨紫烜. 经济法研究(第 1 卷)[M]. 北京:北京大学出版社,2000.

[2] 魏振瀛. 民法[M]. 北京:北京大学出版社,2000.

[3] 古文丽. 经济法[M]. 北京:清华大学出版社,2007.

[4] 中国注册会计师协会. 经济法[M]. 北京:中国财政经济出版社,2007.

[5] 肖江平.《经济法案例教程》[M]. 北京:北京大学出版社,2006.

[6] 卞耀武.《中华人民共和国个人独资企业法释义》[M]. 北京:法律出版社,2000.

[7] 李彤. 经济法[M]. 北京:中国农业出版社,2007.

[8] 中国注册会计师协会. 经济法[M]. 北京:中国财政经济出版社,2009.

[9] 王欣新. 破产法原理与案例教程[M]. 北京:中国人民大学出版社,2010.

[10] 杨紫烜. 经济法(第四版)[M]. 北京:北京大学出版社,2010.

[11] 赵威. 经济法(第三版)[M]. 北京:中国人民大学出版社,2009.

[12] 刘莲花. 经济法[M]. 北京:高等教育出版社,2009.

[13] 于杨曜. 经济法[M]. 上海:华东理工大学出版社,2010.

[14] 张富强. 经济法[M]. 北京:法律出版社,2010.

[15] 张术麟,董占军. 经济法[M]. 北京:中国政法大学出版社,2010.

[16] 史际春. 经济法[M]. 北京:中国人民大学出版社,2010.

[17] 潘静成,刘文华. 经济法[M]. 北京:中国人民大学出版社,2005.

[18] 孔祥俊. 民商法热点、难点及前沿问题[M]. 北京:人民法院出版社,1996.

[19] 佟柔. 中华人民共和国民法通则简论[M]. 北京:中国政法大学出版社,1987.

[20] 王利明. 合同法[M]. 北京:北京大学出版社,2003.

[21] 徐国栋. 民法基本原则解释[M]. 北京:中国政法大学出版社,1992.

[22] 孔祥俊. 论反不正当竞争法的适用与完善[M]. 北京:法律出版社,2001.

[23] 吴汉东. 知识产权法学[M]. 北京:北京大学出版社,2009.

[24] 冯晓青. 知识产权法[M]. 北京:中国政法大学出版社,2010.

[25] 吴汉东. 知识产权法教学案例[M]. 北京:法律出版社,2005.

[26] 段庆喜. 国际法学.商经法学53讲[M]. 北京:人民法院出版社,2007.

[27] 刘秀娟. 经济法原理与实务[M]. 北京:中国林业出版社,2011.

[28] 曲振涛,王福友. 经济法[M]. 北京:高等教育出版社,2007.

[29] 刘志苏,杜晓智. 实用经济法[M]. 北京:化学工业出版社,2009.

[30] 赵慧峰,刘秀娟. 经济法[M]. 武汉:华中科技大学出版社,2012.